中國繪畫史綱（插圖本）

中國繪畫史綱（插圖本）

傅抱石　著

中和出版
OPEN PAGE

我的父親傅抱石

傅益瑤

我的爺爺叫傅得貴（大名文苡，字聚和），一直靠補傘謀生，是南昌的一戶赤貧人家。在父親八九歲的時候，爺爺就去世了。

爺爺在鄉下時，跟地主的兒子吵架，結果被地主的兒子用釘耙鑿在背上，打成肺裂，不得已流落到南昌城謀生治病。在城裡，爺爺遇到了他的恩人。恩人叫何立堂，以走街串巷補傘為生，收了爺爺做徒弟。爺爺很能幹，會做絨花、耳環，還學會了修理洋傘。當時的土傘是紙傘，洋傘是進口的布面傘。何立堂死後，把攤子留給了爺爺，爺爺便做起了小生意，取名「傅得泰修傘舖」。

我奶奶姓徐，江西新建縣人氏，原是一戶人家的丫頭，據說因為被老爺看上了，太太大動肝火，便把我奶奶嫁了出去，說是不要財禮，只要找個窮的，這樣就找到了我爺爺。其時，我爺爺已經三十多歲，比奶奶大十多歲。奶奶是個能幹的女人，性格開朗豪爽，待人接物有男子氣概，在所住的那條街上有相當的權威，街坊鄰居出了甚麼事情，都來找她說事、評理。

爺爺祖輩單傳，因此為父親取名長生。父親小時候出麻疹，把爺爺嚇壞了，怕父親的手亂抓，如果抓到臉上就會破相。這時出嫁的姐姐回來，姐夫就問他想要甚麼才能不抓臉，父親說要一本《康熙字典》，姐夫就去買了一本滿足了父親。父親把這本《康熙字典》一直抱着，一動不動。終於熬了過來。父親的臉長得還是很清秀的，梅蘭芳後來曾經開玩笑地對父親說：你演花旦一定很好看。

爺爺家在南昌「臬台後牆」的貧民棚戶區內，剃頭的，修腳的，擺攤的……各色人等雜住在一起，艱難生存。「傅得泰修傘舖」的左邊是家刻字店，右邊是家裱畫舖。裱畫舖的牆上掛了許多字畫，父親常去串門，久而久之，竟對這些字畫產生了濃厚興趣。七八歲的時候，父親在私塾旁聽，識了不少字，後來奶奶讓他去瓷器店當學徒。學徒三年，不僅要給老闆娘抱孩子，每天還要上門板下門板。門板是江西特產樟木製成，很笨重，左右各十二塊，每天一裝一卸，舉重四十八次，父親人小無力就拱着背使勁，時間一長，就落下輕微的駝背，一個肩膀高一個肩膀低。母親和父親結婚時，有客人還問，你們新姑爺怎麼是賣布的呀？當時賣布的小販，就是整天扛着布走街串巷，一肩高，一肩低。

每次看到父親駝着背站在圓桌邊畫畫，我就覺得父親一生的艱辛都在裡邊了。

父親十三歲時進江西省立第一師範附屬小學讀書，學校老師為他取了個學名叫傅瑞麟。父親十七歲時以第一名的成績高小畢業，被保送進第一師範學校讀書。但入學讀書需要交納一定數額的保證金，萬般無奈之下，想到了鄉下還有祖傳下來的幾分薄田。於是父親就從南昌步行到三百多里外的老家去借錢，結果隔房叔叔竟然不讓父親進門，說窮人家的孩子還讀甚麼書，連頓飯也不給吃，最後還是嬸嬸包了兩個山芋給父親……打這以後，父親便下定決心要好好讀書。

父親小時候真的很苦，上了學也沒有甚麼衣服穿，冬天冷，就把姐姐、媽媽的花褂子一件件地套在裡邊，最外面罩一件灰布大褂。後來我到日本留學，知道日本皇族有一個傳統，就是天皇嫁女兒或是娶新娘的時候，要穿最豪華的衣服，從裡到外必須有十二層。這時我就想，父親當年不就是穿的「十二單」嗎？因此，父親常常對我們說，如果不知道「飢寒」兩字，是不會成人的。

父親從小就喜歡刻圖章，把石頭放在腿上用刀刻，常常弄得身上血跡斑斑。不少人提到父親的名字傅抱石，都說是父親喜歡石濤以及屈原「抱石懷沙」的緣故。我的理解，父親取名「抱石」兩個字的初衷，更多的是懷抱石頭，喜歡刻圖章而已。

父親早年寫過一本書，叫作《摹印學》，是親筆繕寫的小楷，漂亮極了，父親的校長當年就帶着父親和這本書去見徐悲鴻的。徐悲鴻當時已是社會名流，他看過之後，讚歎不已，對父親另眼相待。

其時法國在南昌辦了一個博覽會，父親在那兒幫忙做點事，他幹事認真，連打包裹之類的小事都做得非常到位。博覽會的負責人很欣賞父親，就說可以幫助父親去法國留學。但是徐悲鴻對父親說，你到法國去，你的這身本領非但得不到進步，你還會丟掉它；還是去日本好，日本文化是中國文化的一個延伸。徐悲鴻就寫信給當時的江西省政府主席熊式輝。熊式輝開始說，現在國難當頭，學甚麼藝術？熊式輝的秘書是父親校長的朋友，他後來告訴父親，徐悲鴻很了不起，不斷寫信給熊式輝，並且說如果有困難，經濟上他來資助。這個秘書就把徐悲鴻的信夾到熊式輝的備忘錄中遞交上去。後來熊式輝終於批准了父親的出國留學，說江西景德鎮出陶瓷，那就到日本學工藝吧。所以，父親去日本，最初是學陶瓷圖案的。

父親、母親成長於兩個截然不同的家庭環境。

母親叫羅時慧，因為出生在奉天（今瀋陽），所以小名叫奉姑。

母親是大戶人家的女兒，她的父親叫羅鴻賓，字秋阜，是前清監生，捐資得官，歷任江西稅務局長、法院院長等職。母親從小就有個同年丫頭陪着。我的外公有四房太太，我母親雖然不是正出，但正房沒有孩子，所以外公十分寵她，不要她做其他事情，專門培養她讀書。我的外婆叫李維屏，四歲便被賣到羅家做丫頭。那個時候，女孩子如果想日後嫁一個上等人家，就必須裹小腳，我的外婆七歲時還是一雙天足，已經不能裹腳了，但她自己一個人還是硬把小腳裹起來了；十一二歲時，外婆在灶間邊燒火邊開始學認字，再後就可以讀經讀報了。

母親長大之後，因為家庭聲望很高，很多人都來求婚，內中還有一名後來逃到台灣的「部長」，外公因為不清楚他的底細，沒有答應。關於婚姻，我的外婆對母親講，絕對不要嫁到豪門，說：「寧到窮人家吃糠，不到富人家喝湯。」吃糠，大家一道吃苦，那種平等的幸福才是真的；喝湯雖然比吃糠好，但不平等的痛苦是最深重的。母親讀中學的時候，就參加了「CY」——共產主義青年團，被推舉為江西省學聯幹事，剪了頭髮，跟方志敏一起鬧革命。北伐軍到南昌，母親牽着婦女協會主席蔡暢的女兒四處活動演戲，宣傳革命，比父親還早地認識了時任北伐軍政治部副主任的郭沫若。蔣介石叛變革命後，母親被動員回南昌女中讀書，秘密搞地下宣傳工作。當時按照羅家的族規，女孩子不守閨訓，私奔外逃，一旦抓獲要活埋處置。母親時年十六，雖非私奔，但離家出走，「混跡」於男女人群中，也是不可饒恕的罪過。但由於外婆的懇求，加上外公是四十七歲得女，平時嬌寵慣了，又是時代潮流所致，也就假裝責罵一通了事，讓母親裝上一根假辮子繼續上學。

母親是父親的學生。母親在學校非常調皮，父親可能很喜歡母親的這種性格，就追求她。父親常常到母親家裡去給我舅舅講故事，補功課，討好母親。父親家境困難，娶母親的阻力很大，特別是外公的三姨太很難對付，父親就買了許多衣料送給她，後來這個姨婆一直跟着我們住。另外，父親又去借了一張存摺，上面有一千個大洋，給外公看。外公其實對父親的印象一直很好，但還是擔心他太窮，看到父親的存摺，加上我外婆的力促，就同意了父親的求婚。外公對父親特別關照說：我的這個女兒除了是個人以外，甚麼也不會，你要一生照顧她。

父親沒有食言，一直在照顧母親；如果不是抗戰時到了重慶，母親可能連飯也不會做。後來家裡的事情雖然是母親管，但有兩件事一直是父親幫母親做的，一個是疊被子，一個就是幫母親捶背。母親總說父親捶得好，像小錘子一樣，力量恰到好處。母親生病總是頭疼吃藥，父親怕她亂吃，就定時定量拿藥給她吃。母親原來一點不會做飯，但後來父親的飯菜全是母親張羅的，即便家中有了保姆阿姨，母親也會親自下廚為父親做飯做菜。

父親吃菜的口味簡單，但要求很高，最喜歡吃母親做的炒大腸和三杯雞。父親說母親做的炒大腸簡直跟紅棗一樣，又紅又亮，緊緊的，圓圓的。三杯雞則是我們江西的老菜，雞裡放一杯酒、一杯醬油、一杯麻油。

他一生離家的時間加起來不滿五年，家書卻有一大皮箱。

母親雖不是大美人，但十分可愛，特別是她的幽默詼諧，為大家所喜歡。母親的鼻子很大，用我們江西話說，就是「鼻子大，心不壞」。有個算命先生給母親算過命，說母親的鼻子是福相，嫁了禿子會長頭髮，嫁了窮人會發財。大凡以後她跟父親吵嘴時，就會一邊打自己的鼻子，一邊說：「把鼻子打掉，把鼻子打掉。」意思是不再讓父親有好運氣。母親的樂天，主要是由於小時候外公的寵愛。

一九三一年八月的一天，徐悲鴻到南昌小住，父親在朋友的引薦下去江西大旅社拜訪了他。隔日徐悲鴻到父母住處回拜，當場畫了幅《鵝嬉圖》相贈，畫面上是隻大白鵝，頭頂一抹朱砂，引頸向天，紅掌下幾莖青草。父親用別針把它別在中堂畫上，然後送徐先生回旅社。母親在等父親回來的間隙，鋪紙磨墨照畫；臨摹了一幅，與猶未竟，在青草地上又添加了一隻大鵝蛋……次日清晨，記者湧進家裡，昨日他們沒帶相機，今日趕來拍畫。母親把自己臨的畫拿出來，一位記者驚叫起來：「昨天未見有鵝蛋啊，今日倒下了一蛋，神了！」母親抿嘴一笑：「張僧繇畫龍點睛，破壁而去；大師神手畫鵝，昨日肚裡就有了，一夜過來，自然生下了。」記者們為母親的亂真之作和幽默風趣，大為傾倒。

這類事情不止一件。有一天，父親回到家裡，幫傭的人告訴他，有個王先生等你好久了。父親過去一看，只見這個人戴着瓜皮帽，留着小鬍子。父親就問，您是哪位？這位先生說：「我認識你好久了，你怎麼不認識我呢？」父親愣在那裡，怎麼也想不起來。結果王先生撲哧一笑，原來這是母親裝扮的。母親的幽默名聲在外，以至許多畫商、古董商都說，畫家太太中，傅抱石太太是天下第一。他們看到母親往往比看到父親還要高興。

父親有個自定的規矩：如果不是出差在外，一定給母親做壽，買東西，然後給母親畫張畫，而他自己則從來不做壽。父親是一九六五年九月底去世的。那年夏天，他出差湖南，當時血壓已高得不得了，跟隨父親一起去的學生寫信告訴我母親，說晚飯時傅公喝了很多酒，儘管很晚了，但仍說今晚有件事不得不做，就是因為這一天是母親生日，他要給母親畫張畫，是一張很漂亮的扇面……

父親從來沒有讓母親窮得沒飯吃，甚至對母親的情緒變化，高興與否都很關心。母親是父親心裡的第一人，只要一出門，就開始給母親寫信。在日本留學時，父親差不多隔天寫封信，不論甚麼細節，比如新居傢具的位置，比如與朋友相聚時各人的座次，等等，都會寫信告訴母親。後來，在與江蘇畫家作兩萬三千里旅行寫生時，也是日日或隔日寫信。當時同去的年輕畫家中有一新婚者，也只寫了十來封，而父親卻寫了三四十封，讓同行者們唏噓不已。父親不論是出差還是出國，總是精心為母親挑選衣物，而且只為母親一個人買。在羅馬尼亞商場裡，父親為母親挑大衣，竟找了身材與母親相仿的女售貨員左試右試，才買下來。

父母的感情很好，他們之間好像有說不完的話。我記得父親住在樓上，母親住在樓下，常常晚上，母親總要端一杯茶送父親上樓睡覺，過一會兒，父親送母親下樓來，可他們說着話，不知不覺地，母親又把父親送上去了，他們常常這樣樓上樓下送來送去，我們看在眼裡，在旁邊笑個不停。

二姐在一篇回憶父母生活細節的文章中寫道，南京夏天特別悶熱，我們全家在院子裡乘涼，母親常常穿一套半新不舊的黑綢衫褲，睡在小竹床上，父親就坐在母親身邊，手裡拍着扇子，兩人一邊說話，父親一邊幫母親搥腰，往往搥至深夜，直到母親睡熟。母親的腰病是生二姐時落下的，二姐有多大，父親就幫母親搥了多少年……

母親在父親逝世二十周年的時候寫過一篇聲情並茂的文章，談到父親的家庭責任感。母親這樣說：「在家庭，他上對老母，下對兒女全都關心到無微不至，有時甚至使我感到有些過分。他哪怕是離家只有三天，必定有兩封信回來。有時人都到了家，他進門便問我：『今天收到信麼？』我說沒有。他卻有把握地說：『信太慢，在路上，不相信，你等着看，郵遞員馬上便會送來的。』真教我好氣又好笑。他一生離家的時間，加起來也不滿五年，家信卻有一大皮箱。」

父親的一生和兩個「三點水」有不解之緣，一個是「酒」，一個是「汗」。酒給了父親精神上的酣暢，汗給了父親身體上的酣暢。父親每作畫必執酒杯，可能是人人都知道的，而父親每作畫必大汗淋漓，卻是我幼時日日所見。夏天在畫室裡作畫，他常穿件中式白布短褂，衣濕了貼在身上，肩上則搭一條乾毛巾隨時擦汗。父親作畫運筆的速度極快，常常畫得滿頭大汗，額頭上的汗水不斷地淌下來，身上的汗也是順着往下流。姐姐就回憶過，母親常要放兩條大毛巾墊在他手臂下接汗，並且要時常更換，不然很快就會被汗濕透。

郭沫若曾經寫過一篇關於在重慶拜訪「金剛坡下山齋」的文章，說重慶的夏天又熱又悶，冰淇淋也不能吃，不衛生，吃了拉肚子，大家都不曉得如何來捱過重慶的夏天，只有抱石啊，大汗淋漓，原來他是用汗來解暑的。

父親一生都在奮鬥，幼時貧窮，身體的底子打得不好，成年後拚命學習、工作，透支了身體。父親還特別好酒。抗戰期間，父親率全家避居重慶郊外金剛坡下，時局動盪，心中煩悶，以杯中物自遣，日久天長，漸成習慣，用父親自己的話說，就是：「此病漸深，每當忙亂、興奮、緊張……非此不可。特別執筆在手，左手握玻璃杯，右手才能落紙。」

一九五九年，父親應邀為北京人民大會堂畫巨幅山水畫《江山如此多嬌》，周總理特批給他兩大箱茅台酒的故事，是盡人皆知的。父親喝酒畫畫的故事為人們所樂道，他還刻有「往往醉後」的閒章，鈐在他的得意之作上。許多人因此認為我父親是靠酒力來畫畫的。而我卻不這麼認為。父親喝酒後的最大本事，是施展一個「金蟬脫殼」計。

父親一旦提筆畫畫，你就會發現他的整個的熱情和他的思維方式，他的精神面貌，還有他的那種享受感、陶醉感，與平常判若兩人。

我覺得父親在那個時候真正是「金蟬脫殼」了，特別是解放初期，「三反五反」「反右」等政治運動頻繁，外部給父親的壓力最大的時候，他擺脫了一切世俗的煩惱，神遊青山綠水之中，在藝術世界中徜徉……以至我後來經常覺得父親沒有經歷「文化大革命」是上天的恩賜，否則的話，他老人家會一輩子都解脫不掉。

我對父親的仕女畫抱有一種特別的感情，這是因為在母親生我的那一年，父親畫了一幅很大的仕女畫《山鬼》。畫面上風狂雨驟，一位神秘動人的女子，在虎豹的環伺下，遊於巫山之頂。見過這幅畫的人，無不被這畫中的靈氛所籠罩。父親自己在畫完之後也不禁驚歎：「似真有鬼也。」每當我面對這幅《山鬼》，總覺得那女子在對我說甚麼，有招引我前去之意，使我惴惴不安。

靈秀之風是中國文化裡對美人最高或者說最準確的評價，父親畫中所有美人的眼睛，如《湘君》《湘夫人》，還有《讀書圖》，每個人物的眼神都很空靈。談論中國女子的美，要有三個標準，一是「靈」，一是「秀」，一是「慧」。「靈」是甚麼？就是很多東西都能與它融通，音樂、美學等神秘的感受，包括自然界的力量，都能和它相會，葆有足夠的悟性；「秀」是甚麼？秀就像音韻一樣具有多種形態的變化，碰到甚麼會有不同的反應和機智；還有一種「慧」，就是智慧，實際上中國人對女子、對美人的喜愛，更多地是因為她們在很純淨的同時也富於機智，而不是計謀，表現出來的是穎悟。

女人一旦是靈、秀、慧的，就會派生出許多東西，如決斷，識大體顧大局之類。所以，父親從來不對人家的漂亮不漂亮評頭論足，而是從靈、秀、慧的層面來談論這個問題。

目錄

中國古代繪畫之研究

中國的人物畫和山水畫

中國繪畫變遷史綱

自序

在六七年前，我曾費了七個月的時間，寫《國畫源流概述》十幾萬字，那時候國內尚無畫史一類書籍出版。一個人閉門造車，倒是味道十足！去年江西省立第一中學校要我擔任高中藝術科的國畫，我總是叫他們多多看些關於國畫理論的書。他們不是說無從看起，就是說看不懂，要我編些講義，我答應下來了。因為我想我是有老本錢的！

翻出來看來看去，覺得自己太狂妄了。現在已出版的陳氏《中國繪畫史》、潘氏《中國繪畫史》、鄭氏《中國畫學全史》、朱氏《國畫ABC》不是都比我更豐富完善嗎？但當時我發生了四個問題：

1. 畫體、畫法、畫學、畫評、畫傳，是不是可以混為一談？
2. 中國繪畫有沒有斷代的可能？

3. 記賬式和提綱式，哪種令讀者易得整個的系統？

4. 應否決定中國繪畫的正途？

茲假定學國畫的人，以高中程度為標準，那畫法重於畫學，畫學重於畫體，畫體重於畫傳，畫傳重於畫評。斷代的太破碎了！記賬式的太死氣了！應當指出一條正路，使他們有所循依，才是不錯。

所以我重新著這本書，是：

1. 提倡南宗。

2. 注意整個的系統。

3. 前賢的畫論，有必不可不讀的，都按時按人插入，使旁收理論的實效。

4. 顧及興味的豐富。

5. 在量的方面，是每週兩小時，供一年用。

我讀書太少，藏書不多。話雖如此，而謬誤的地方一定很多！深望海內賢達，予以糾正。

中華民國二十年（一九三一）一月　傅抱石

導言

中國繪畫受了環境的陶鎔，並不像平行而無變化的兩條直線。一切藝術的展開，其背後皆是展開時的推動。推動至於多方面急流的進展。環境可以遷變一切事物，無怪把兩條線形成了曲曲折折。在繪畫上既絕對脫不了環境的「力」，就要接受而服從它。於是曲折的程度，沒有簡單而且富有變化了。我們居幾千年之下，這複雜的造成，是為了甚麼？或某一曲折的現象及展望又是怎樣的？確不容易找到一個較準的系統。但從很遠很遠的深源，所發出來的流水，必不是可以取一斑而估計全豹。雖然有不少的畫商，把無價的東西，硬說是定價不二。甚麼上古中古，甚麼初唐晚唐，生吞活剝，似乎增加系統的紊亂，逸出系統的真正面目，於系統是毫髮無補。然而這種製作，煩難也是不能減少。因中國是發達最早，各種文化事業，進步很是遲慢。所以古人遺留下來的手跡，直是與古人俱亡，加之中國人不道德的習性，贋品充斥，真的反秘售外人。只顧個人自利，不虞國家文獻從茲失所！這樣漸漸地漏出，有限的東西，能夠經得住幾次車載輪運呢？

而其結果，好比——

好比你床上枕頭底下的鈔票，隔壁老二比你清楚得多了。五元一張的，或一元一張的，中國銀行的，或交通銀行的，新的舊的，完好的，破爛的，老二通通了然胸中。你自己總覺得「錢是用的，水是流的」，誰去理會這些？殊不知一旦數目不符合，或清理結算的時候，困難了。糊塗了事既不對，尋根究底又不能；老二清楚固是清楚，但老二是有力量注意；是有力量侵略的呵！中國藝術的結晶，古人精神的寄予，難道鈔票還不如？非把它去換鈔票就不可以嗎？

隔壁老二雖多，日本是最厲害的一個！

我們都是中華民國的老大哥，低頭去問隔壁的老二是丟醜！是自殺！我們應當平心靜氣地去檢查自己的物件，和照顧自己的物件。雖是多少東西缺了證明，亦是無可如何。

我們須利用敏銳的腦力和眼光設法把失去的寶貝一樣一樣找着源流，或弄了回來。這些寶貝，是從現在上窺幾千年曲曲折折的引導者，也許還是某一曲折的具體精神。離開它而談曲折，其虛偽會令人可笑的。

自從有畫一直到今日，今日的中國民眾，還不明白畫是怎樣的到今日。這種人一定有百分之九十以上，「以上」並未形容過分。試看關於中國繪畫的書籍有多少？研究者又有多少？在中國的地位怎樣？中國人對於研究者的態度又怎樣？這一切都是使人哭的材料！至少：我們須自己起來擔任這重要而又被詛咒的擔子。只要不糟蹋自己的天才，努力學問品格的修研，死心塌地去鑽之研之，其結果，最低限度也要比隔壁老二強一點。

然而在今日的現狀裡，研究者也大有人在。姑無論曲曲折折如何難以獲得，但昭震於前後的遷變，尚可得而言。

研究中國繪畫的三大要素

這是：

1. 軌道地研究中國繪畫不二法門！
2. 提高中國繪畫的價值！
3. 增進中國繪畫對於世界貢獻的動力及信仰！
4. 中國繪畫普遍發揚永久的根源！

假若藝術是個人，恐怕世界上也找不出這樣一個人。又驕傲，又和藹，又奇特，又普泛，又像高不可攀，又像俯拾即是……原來它在中國地位不過如此！

子曰：「遊於藝。」——《論語》

俗話說得好：「勤有功，戲無益。」遊者，戲也。當然算不了甚麼經國之大業，不朽之盛事！是個無益的買賣。然而孔老夫子的課程——德行、言語、政事、文學——以外，還有禮、樂、射、御、書、數六項的課外作業。可見雖曰：「遊而已！」究竟是需要狠迫。在當時無論時間或空間的藝術，都還是雛形粗具，並不能引起多數人的探討。不過，「畫者，所以補文字之不足也」。及「子在齊聞韶，三月不知肉味」。繪畫和音樂，比較發達罷了。《孔子家語》載：「孔子觀乎明堂，睹四門牖，有堯舜之容，桀紂之像，而各有善惡之狀，興廢之戒焉！」張敦禮云：「畫之為藝雖小，至於使人鑒善勸惡，聳人觀聽，為補益豈其儕於眾工哉？」可知這時候繪畫的目的，和今時判然了。今時以科學昌明的緣故，似乎以從古的事實，加以懷疑，加以鄙薄。

但人類的進化，歷史自然非常幽遠，變遷也漸而不覺突然。當文智不太啟展，一切政教憲章，只求其備，遑論「美」「善」！某種東西，它直接或間接若能輔助政教之一部，它的發展必然迅速。姑認它的結果，它將來的結果；和「輔助」差得不可以道里計，而這段過程，藝術也是必經之途。除非絕對昧於文化的遷變者，才會否認。因此，孔子觀乎明堂的故事，也就大足驚人，煞是可觀；然不能說不是中國繪畫發達的原因、內強有力的原因了！

中國繪畫實是中國的繪畫，中國有幾千年悠長的史跡，民族性是更不可離開。興興替替，盛盛衰衰的一頁一頁，並不可不毫加注目。過去是將來參考的「線」，雖不一定這條「線」不變，痕跡總是足以追求、足以搜檢。所以中國的繪畫，也有它的「線」。所以中國的繪畫，也有特殊的民族性。較別的國族的繪畫，是迥不相同！

拿非中國畫的一切，來研究中國繪畫，其不能乃至明之事實。和拿中國老式的繡鞋，強穿於天足的婦女是一樣。繡鞋的美醜不是問題，合不合才是重大的意義。好像江西景德鎮的瓷器，非鄱陽樂平的泥來做不行。廣東、福建固也有瓷器，但也是瓷器，式樣儘管相同，決不能把景德鎮的特色搬來批評。這個理由，正是中國繪畫的一切，必須中國人來幹。

中國繪畫，既含有中國的所有形成其獨立性，又經多多少少的研究者，本此而加以洗刷，增大，致數千年而不墜。則獨立性之重要可謂蔑以復加！記得馬哥利（M. R. Margnerye）說過「西人欲知中國繪畫的真價值者，須拋棄其平生所學之美術教育和審美觀念」的話，那「真價值」一語，豈非與美術無關？須知此正為中國繪畫有真價值，故與美術無關，故與美術絕其相屬之因緣。美術乃論一般的，不能及此，更不許據此以批評。而近代中國的畫界，常常互為攻訐，互作批議，這是不知中國的繪畫是「超然」的製作。還有大倡中西繪畫結婚的論者，真是笑話！結婚不結婚，現在無從測斷。至於訂婚，恐在三百年以後。我們不妨說近一點。

不過把中國繪畫的左右前後隨便取一點看來，知道了前後左右都是造成「超然」的材料。「超然」不打倒，所謂「中」「西」在繪畫上永遠不能併為一談。但好奇的畫論者，尋着了一小部分——似是而非的一小部分——就說溝通了。東畫西化，或西畫東化，也信口道出。比如西方的圖案畫，已經遠別它本身的目的而從事調劑的運動。便化得人不像人，鬼不像鬼！反而引起了所謂「惡魔主義」「立方主義」……的逞雄。中國繪畫根本是興奮的，用不着加其他的調劑。《金石索》上的武山堂石刻，西洋人就便化一百年便也就「化」不出來。中國繪畫既有這偉大的基本思想，真可以伸起大指頭，向世界的畫壇搖而擺將過去！如入無人之境一般。我們不應妄自菲薄，應當努力去求這偉大的基本思想如何造成。

如何可以造成？明代董其昌說是應該這樣：

讀萬卷書，行萬里路，胸中脫去塵濁，自然丘壑內營，立成鄄鄂。隨手寫出，皆為山水傳神！

——《畫旨》

清代沈宗騫說是應該這樣：

夫求格之高，其道有四：一曰清心地，以消俗慮。二曰善讀書，以明理境。三曰卻早譽，以幾遠到。四曰親風雅，以正體裁。

——《芥舟學畫編》

他並說明以下的理由：

筆墨雖出於手，實根於心。鄙吝滿懷，安得超逸之致？矜情未釋，何來沖穆之神？郭恕先、黃子久人皆謂其仙去，夫固不可知，而其能超乎塵埃之表，則其獨絕者。故其手跡流傳，後世得者，珍逾拱璧。苟非得之於性情，縱有絕世之資，窮年之力，亦不能到此地位。故一曰清心地，以消俗慮。理無盡境，況託筆墨以見者邪？尤當會其微妙之至，以靜參其消息。豈淺嘗薄植者所得預？若無書卷以佐之，既粗且淺，失雋士之幽深；復腐而庸，鮮高人之逸韻。夫自古重士大夫之作者，以其能陶淑於書冊卷軸之中。故識趣興會，自得超超元表，不肯稍落凡境也。故二曰善讀書，以明理境。松雪云：「乳臭小兒，朝學執筆，莫已自誇其能。」是真所以為乳臭也。要知從事筆墨，初十年僅得略識筆墨性情，又十年而規模粗備，又十年而神理少得，二十年後乃可幾於變化，此其大概也。而虛其心以求者，但覺病之日去，而日生張皇補苴，救過不遑，何暇驟希名譽？及至功深火到，自有不可磨滅光景，是以信今而傳後。故三曰卻早譽，以幾遠到。古人左圖右史，則圖與史實為左右。故作者既內出於性靈，而外不得不更親風雅。吮墨閒窗，動合風人之旨；揮毫勝日，時抽雅士之懷。味之而愈長，則知其蘊之深也；久之而彌彰，則知其植之厚也。蘊深而植厚，乃是真正風雅，亦是最高體格。南宗院體，且薄之如不屑，若刻畫以為工，塗飾以為麗，是直與髹工彩匠同其分地而已！故四曰親風雅，以正體裁。

——《芥舟學畫編》

近人陳衡恪說是應該這樣：

文人畫之要素：第一人品，第二學問，第三才情，第四思想。具此四者，乃能完善。蓋藝術之為物，以人感人，以精神相應者也。有此感想，有此精神，然後能感人而能自感也。所謂感情移人，近世美學家所推論視為重要者，蓋此之謂也歟？

——《文人之畫之價值》

今把三個人的方法試列如下：

董其昌：① 讀書；② 廣見聞；③ 脱俗。

沈宗騫：① 清心；② 讀書；③ 卻譽；④ 正體。

陳衡恪：① 人品；② 學問；③ 才情；④ 思想。

看來陳氏所舉，較為確切。「清心」「脱俗」「卻譽」，不若「敦品」。「讀書」即求學問。「廣見聞」即擴開思想。但「思想」從「才情」而生，「正體」與「學問」類似。我以為，「人品」「學問」「天才」三項，可以概括。

這就是造成中國繪畫基本思想的三大要素。

這就是研究中國繪畫的三大要素。

先分別來說：「人品」如何是第一要素呢？

這幅畫未曾動筆，這時候除去筆、墨、紙，或顏料之外，只「我」是使白的紙和筆墨接觸的紹介。雖然尚有境界、氣韻、骨法……的顧及，而在白的紙上，縱橫起來，執行者在「我」，怎樣執行也是「我」，畫面所承受的一切都是在「我」的「我」了。畫面有「我」，

「我」有畫面了。但畫面在「我」所加入，畫面是絕對容受，絕不敢見拒。換句話說，「我」要東，畫面容受在東，絕不致西。畫面與「我」合而為一。然欲希冀畫面境界之高超，畫面價值之增進，畫面精神之緊張，畫面生命之永續；非先辦訖「我」的高超、增進、緊張、永續不可。「我」之重要可想！「我」是先決問題。

「我」是一個人，「我」的價錢，即是「人品」。

「人」一切的主宰屬掌腦神經，「腦」的故事出來了。

現在叫作銀圓的，從前是叫作銀子。現在叫作性教育的，從前是叫作「中篝之言」。現在叫作「腦」的，從前是叫作「心」。科學的恩惠，使我們知道「心」是不能夠發號施令的東西。這最大的權威，證明屬於「腦」了。與其說是畫面等於「我」，何若說是畫面等於「腦」呢？郭若虛說：「凡畫氣韻本乎遊心。」米友仁說：「子雲以字為心畫。非窮理者，其語不能至是。是畫之為說，亦心畫也。」這「心畫」二字，應該稱作「腦畫」。所以「腦」不改造，「腦畫」是吃不起價錢的。因為「腦」的價錢，根本就不高。原來中國許多畫人，形形色色，價錢很不一致。有皇帝的價錢，也有皂卒的價錢；既有墨客的價錢，就也有騷人的價錢。可是「腦」都不屬於當時。若就我們說，「腦」是不屬於現在。或早幾十年，或晚幾十年。一個偉大的畫人，在當時，對他只有排斥、攻擊，或至於威迫。他受不起了，根據「不平則鳴」的公式，定是充滿懷恨和報復的心境。然常常政治的力量，足以使社會的現態安然不動，更不許身體有絕對自由的行動。好在每個人都有一個「玄之又玄，眾妙之門」的腦袋，差可不受其挾制。但這種精神的戕殺，我否認是少數人的事。不過偉大的畫人，他的「腦」特別前進，特別敏銳，不斷地去搜檢戕殺的證明罷了。他這種搜檢的獲得，是多面的歸納與散開，當不是人人可以如此。所以偉大的畫人，是時代的中心，他的「腦」，是一座晶亮亮的時代之燈！

那偉大的畫人，不是罪人嗎？

不對的。藝人的罪，是現實的罪，現實既有戕殺「腦」的行為，而「腦」反因此增加其改造。戰國時的屈原先生，是一個好例。離騷二千七百多字，不是現實的罪狀嗎？可知「腦」的改造，直接即增加「我」的價錢，間接即增加畫面的完美。欲提高畫面的價值，第一須改造「腦」，第二要有「人品」。

姑以「素人」一名詞，代表普通的人，那素人正是畫人的相對方。素人以為美的，未必畫人以為美。素人以為對的，也許畫人以為大逆不道！素人以為不應如此，畫人或欣然說正中下懷！這統統關係「腦」，關係「人品」。洋房好住，但在畫面不一定好看。茅屋破爛得不足蔽風雨了，畫面表現出來是風致幽然！這些衝突的所在，即是藝術之宮！「人品」不高的是不得其門而入。倪雲林說：「余之竹，聊以寫胸中之逸氣耳！」又說，「僕之所謂畫者，不過逸筆草草」。逸氣，逸筆，自是逸品。但從他的「人品」中得來，居「神」「妙」「能」之上，為元四大家之首。非可幸致的呀！後來文徵明題他的畫，有「人品不高，用墨無法」之歎。豈但用墨無法，抑令人作三日嘔！

有了相當的「人品」，即得了第一個要素。

> 畫有士人之畫與作家之畫，士人之畫，妙而不必求工；作家之畫，工而未必盡妙。故與其工而不妙，不若妙而不工。
>
> ——《溪山臥游錄》

中國繪畫，自六朝微露了這兩種的分蘄，至李唐而益著。幾千年來，士人之畫，其價值遠過作家的一切，這個道理，是非常簡單的。即

士人之畫：① 境界高遠；② 不落尋常窠臼；③ 充分表現個性。

作家之畫：① 面目一律；② 皆有所自勾摹；③ 徒作客觀的描繪。

還可以說：

士人之畫，不專事技巧的講求。

作家之畫，乃專心形似的工致。

因此前者又叫作文人畫，後者又稱畫工。我所希望的研究者，當然不願意造成一個畫工，畫而為工，還有畫嗎？昔人評大年畫，謂得胸中著萬卷書更奇！是以胸中無書，即不能作畫。尤其是士人之畫，非多讀書不可。否則不特畫意不高，並不明畫理。蘇東坡說得極妙！

余嘗論畫：以為人禽宮室器用，皆有常形。至於山石竹木，水波煙雲，雖無

常形，而有常理。常形之失，人皆知之；常理之不當，雖曉畫者有不知。故凡可以欺世而取名者，必記於無常形者也。雖然，常形之失，止於所失，而不病其全。若常理之不當，則舉廢之矣。以其形之無常，是以其理之不可不謹也。世之工人，或能曲盡其形，而至於其理，非高人逸才不辦。

——《東坡集》

又說：

觀士人畫，如閱天下馬，取其意氣所到。乃若畫工，往往只取鞭策皮毛，槽櫪芻秣，無一點俊發氣！

——《東坡集》

畫理的重要，沒有學問的人不能明白，而覺其贅疣過甚。分明是同一佈置的畫面，而見仁見智，也大異其趣。在某一部分或某一筆之間，宛如臨陣般嚴重，又宛如午夜般閒逸，又宛如處女般幽嫻，又宛如勇士般雄偉，這類宛如……不明畫理者，是「宛」然不如了。只會刻板地塗飾，無意義地揮灑，這是條線之遭際坎坷，把偉大的生命喪失。然一經落紙，非九牛之力所可挽回！或偶拾得一二佳製，揣意仿模，但形雖似而神早非，究是蔑卻畫理而不學問的大關鍵，怎能穎悟深邃的畫面呢？無怪茫然無所措！

再淺近地說吧。

淺近地說，學問的範圍多廣？豈是一人之力所能遍精？若不是抒發性靈的東西，不唯無用，反而致俗。譬如音樂、詩歌、小說……都應多多閱讀，以開拓心胸。而這又不是一朝一夕的工夫，一定要平素修養成了習慣，有「六合皆空，唯我為大」的境界。甚麼名利榮辱，絕不許雜半點於方寸之中。這樣下過了一番勤奮，一方面使駕馭畫面的能力，猛烈地增加，一方面使心境和畫境，互為揮發，融化為一。那麼一點一畫，一草一木，一山一石，都間接受學問的支配，臻於逸妙的峰巔。在筆墨的動作未停，胸中的丘壑即未盡，胸中的丘壑未盡，即學問的修養幽遠。況且心愈用愈靈，學愈研愈精，這才畫面的生命，有了確固的保障。得了新的灌溉，發茁滋長，定是意中之事了！試看古往今來偉大的畫人，哪個是目不識丁、胸無點墨之徒？我們假定為作畫而學問，學問是絕不止有助於作畫的。當時心地寬曠，靈犀豁然！所謂煙雲供養，清朝的四王，不都是壽至八九十嗎？故中國繪畫是最精神、最玄哲的學問。有的五日一山，十日一水，倒不及草草的數筆。不及的道理，前者是成功於技巧，後者是發生於性靈，以人感人。技巧的結果，博不了多數人的鑒賞，唯有精神所寄託的畫面，始足動人，始足感人，而能自感！有許多略學繪事的人，笑話是層出不窮了。搬着一本帖，刻意臨寫，而題曰仿某某，仿某派。甚至青綠說是學王維，勾花說是仿徐熙。還有畫牡丹而綴以詠雪之詩，寫漁父而題以樵子之什。種種謬構，不一而足！這是不學問的必然現象，然而尚不止此呢！看：

寡學之士，則多性狂。而自蔽者有三，難學者有二。何謂也？有心高而不恥於下問，唯憑盜學者以自蔽也。有性敏而才亦高，雜學而狂亂，志不歸於一者自蔽也。有少年夙成，其志不勞而頗通，慵而不學者自蔽也。難學者何也？有漫學而不知其學之理，苟僥倖之策，惟務作偽以勞心，使神志蔽亂，不究於學者難學也。

——《山水純全集》（原本疑有脫偽）

宋時畫學猶分士流雜流，俱令治大小《經》，仍讀《說文》《爾雅》《方言》《釋名》等書，宜其下筆不苟也。子畏學畫於東村，而勝東村。真是胸中多數百卷書耳！

——周亮工《讀畫錄》

於古人之論說，復不肯靜參而默會。所以致苦一生，而迄於無成。蓋非好學深思，心知其意，而虛衷集益，安能拔俗？

——《浦山論畫》

畫法與詩文相通，必有書卷氣，而後可以言畫。

——《麓台題畫稿》

六法一道，非惟習之為難，知之為最難。

——《麓台題畫稿》

有人悟得丹青理，專向第茨畫山水。

——郭河陽

當然，畫面美妙清雋的精神，是畫理的分佈及其組織。若昧而不透美妙清雋是極艱難的創造，則將無從迎納於我的筆底，且永遠無從穎悟。縱然是朝夕的調鉛弄粉，吮毫濡墨，只不過作死自然的謄寫者而已！輾轉地説來，學問是必須努力虔修，毫無疑義了。若有了高尚的「人品」，又有「學問」，即得了兩個要素。

但有這樣一個人，他的人品學問，都有相當的修養和造詣。在畫面上總覺得意不逮筆，結果留下無窮遺憾。當着他畫一山或一石粗成脈絡的時候，心境中未嘗不預有最高之希冀，筆舞墨飛，心得手應！方自競競然勤求勾染，哪曉得反因愈裝飾而愈糟。或另一個人，三筆兩筆，就能出精出神。這上面也說過這種話，是甚麼道理呢？呵！他不但缺少畫理的知識，並且還沒有畫面的基本技能，他沒有「天才」！

沒有「天才」的畫人，越畫越壞，只有開倒車！

大概有天才的人，不知不覺中會流露一切的。這流露，自己實是莫名其所以然，或僅感覺得興趣高一點罷了。就以寫字而論：一個字的筆畫程序是一定的，然而有天才的人他寫一橫，絕不等於其他的一橫，一豎一點也俱是一樣。不同的緣故在哪裡呢？這是天機，豈容泄露？不過一橫一點之頃，天才者必不異樣吃力，「吃力」是討不到好。天才者也必不以為困難，「困難」可以使心手都受遲疑的束縛。這是天賦的特權，與生俱來的一種「力」。依稀記得有個故事。

是有一個人，年紀很輕，「人品」「學問」都不錯。他的父親一天叫他在身邊，出「龍門」兩個字給他對上。他開口就答「鼠洞」！字面是恰恰相稱，總算對着了。但他的父親竟因此一病不起，說他才器太小，終無大用！為甚麼不對「虎闕」，不對「鳳閣」？「鼠洞」「鳳閣」「虎闕」，天才在其中矣！

所謂「天才」在這裡簡言之就是畫才。

只要不是特別的笨伯——下愚都有造就的可能，只要專心一志，都有進步的希望，何不先敦其品，而勵其學？

三大要素備，乞往下細細地咀嚼吧！

文字畫與初期繪畫

中國繪畫的原始，相傳有三說：

一說始於庖犧。

古者庖犧氏之王天下也，仰則觀象於天，俯則觀法於地，觀鳥獸之文，與地之宜；近取諸身，遠取諸物。於是始作八卦，而文籍生焉。

——《周易繫傳》

一說始於史皇。

《世本》曰：「史皇作圖。」宋忠曰：「史皇，黃帝臣。圖，謂圖畫物象。」

——《文選》李善注

一說史皇、倉頡共同肇始。

則有龜字效靈；龍圖呈寶。自巢燧以來，皆有此瑞。跡映乎瑤牒，事傳乎金冊。庖犧氏發於滎河中，典籍圖畫萌矣。軒轅氏得於溫洛中，史皇倉頡狀焉。奎有芒角，下主辭章；頡有四目，仰觀垂象。因儷鳥龜之跡，遂定書字之形。造化不能藏其秘，故天雨粟；靈怪不能遁其形，故鬼夜哭。是時也，書畫同體而未分，象制肇創而猶略。無以傳其意，故有書；無以見其形，故有畫。天地聖人之意也！

——《歷代名畫記》

這三說：第一說，以八卦的爻象是象形的，如「乾」，☰乾為天，但是象天。

「坎」，☵坎為水，但巛是象水。第二說，是史皇創造圖畫，和倉頡造字是分道而行的。第三說，是倉頡與史皇並未分流，倉頡的象形字，即是與畫相類似的。又一說，史皇、倉頡是一個人。還有一說，有畫始於舜妹敤首。竟似臆說，不足考了。

庖犧仰觀俯察以造八卦，倉頡見鳥獸蹄迒之跡，而作文字，史皇作圖又專之史冊，三說之中，各有道理。原來荒古的時代，結繩記事太麻煩了，人民感覺這樣行為，苦到萬

西周毛公鼎銘文

分，又不經濟。但自己簡單的腦筋又無法子可想，所以聰明的庖犧氏觀天察地造了八卦。動機雖是為了供當時的需要，而「象」「法」不自庖犧才有。不過他以先知先覺，以為天可象、地可法。但「象」「法」必以天地做個對象，才有所依靠。雖八卦不一定每一卦現在都可以找出它原來的對象，單從乾、坎推測，那八卦絕不是憑空構擬出來的東西。抽象一點罷了！後來倉頡更是聰明，把這種困難打破，先定下「指事」與「象形」兩種原則（班固稱「指事」為「象事」）。有形可象的，就象它的「形」，無形可象的，就象它的「事」。這樣，比較從前活動多了。而象形也就無掛無礙地獨立起來，如⊙、象日、月。又如⊥、⊤，或∸、⨪，或二、二，雖不能指定象某種物體，然在「二」上的就是上，「二」下的就是下。這「二」是甚麼東西呢？可說代表甚麼東西都可以，應用上不更便利嗎？所以把一直「丨」，或一圓點「●」，或一短橫「–」，又去代表在某種物體上面或下面的東西。

這是簡單極了的舉例。據近代發現的龜甲文看來，象形的字，直是一種「文字畫」，並且輪廓線條也俱粲然美備的。

那麼中國繪畫是經過「文字畫」的一個階段。因為後來文字的應用，漸漸也覺不完滿，識字的人總是極少數，自然圖畫的需要刻不容緩。或者史皇專心此道也是預料之中。不過根據人類知識進化的道理，象形的——「文字畫」——產生，絕不在象事以後！至少也是同時。

自此「文字畫」之階段出發，經過了不少的應用，慢慢脱去文字的蜕衣，而重新成立為有意義之行為。繪畫之事既立，繪畫之值較高。在有虞時代，服章上已知用五彩作日、月、星、辰、山龍、華蟲、火、宗彝、藻、粉米、黼、黻的繪畫。這即是後來所稱的袞冕十二章，相傳這是虞自己創作的。《尚書．益稷》載：「予欲觀古人之象……絺繡於五彩，彰施於五色，作服汝明。」畢然其效如神了！班固在《漢書．刑籍志》裡説：「蓋聞有虞之時，畫衣冠異章服以為戮，而民不犯，何治之至也！」這不是有益於政教嗎？這樣一來，發展尤其速了。還有：

> 昔夏之有德也，遠方圖物貢金。九牧鑄鼎象物，百物而為之備，使民知神奸。
>
> ——《左傳》

禹之時，圖畫山川奇異之物而獻之，使九州之牧貢金，象所圖物，著之於鼎，圖鬼神百物之形，使民逆備之。

——《左傳》杜預注

這更奇了！從虞到夏末，不過四百餘年（公元前二二五五年至前一七八四年），居然能繪鬼神百物山川奇異的形狀，真是難能而可貴的了。但還不算，即最精絕的寫真畫，也見之於商。

其一：

恭默思道，夢帝賚予良弼，其代予言，乃審厥象，俾以形旁求於天下，《說》築傅岩之野，惟肖。《正義》曰：使百工寫其形象求諸天下。

——《尚書》注疏

其二：

伊尹從湯言素王及九主之事。注：「劉向《別錄》九主者有：法君、專君、授君、勞君、等君、寄君、破君、固君，三歲社君。凡九品，圖畫其形。」

——《史記》裴駰集解

到了周朝，隨時隨地都有繪畫的製作。如扆上畫斧形。

扆，屏風也。畫為斧形，置戶牖間是也。

——《尚書》注疏

地圖也有畫的了。

《周禮地官》大司徒之職。掌建邦之土地之圖。鄭注云：「土地之圖，若今司空郡國輿圖。」

——《周禮》注疏

至於九旗，則更複雜而有序義了。① 日月為「常」；② 交龍為「旂」；③ 通帛為「旜」；④ 雜帛為「物」；⑤ 熊虎為「旗」；⑥ 鳥隼為「旟」；⑦ 龜蛇為「旐」；⑧ 全羽為「旞」；⑨ 析羽為「旌」。

因為所畫的東西不同，所以名稱也不同。若是國之大閱，由贊司馬頒發執用。但限制很嚴，不得混淆的。規定：「王」建太常；「諸侯」建旂；「孤卿」建旜；「大夫士」建物；「師都」建旗；「州里」建旟；「縣鄙」建旐；「道車」建旞；「斿車」載旌。

鄭注云：「旗畫成物主象，王畫日月，象天明也。諸侯畫交龍，一象其升朝，一象其下腹。孤卿不畫，言奉王之政教而已。畫熊虎者，鄉遂出軍賦，象其猛守莫敢犯也。鳥隼象其勇健也。龜蛇象其扞難辟害也。」

他如尊、彝、侯、盾，都施以彩繪，可謂應用極廣。而普遍的要推畫在壁上的「壁畫」了。不但是明堂虎門，就是有地位的王公巨卿的祠堂裡面，也是有很多畫的。譬如在楚的先王之廟及各大祠堂，都畫上天地山川，神靈琦瑋，及古聖賢與怪物之行事。在齊的敬君畫九重台。並且屈原因楚的壁畫，還作了一篇《天問》呢。在魯有公輸子用足畫忖留神的故事，雖是荒誕不經，倒也彌有趣味的。《水經注》載：

舊有忖留神像，此神嘗與魯班語，班令其人出，忖留曰：「我貌獰醜，卿善圖物容，我不能出。」班於是拱手與言曰：「出頭見我。」忖留乃出首。班於是以腳畫地，忖留覺之，便還沒水。故置其像於水，惟背以上立水上。

東周亡後，秦兼併六國而稱始皇。不過在位十有五年，而阿房宮之建築，驪山寢陵之經營，十二金人之鑄造，都是空前的事業，唯繪畫則不如周代。或許是時間太促的緣故吧？楚漢爭後，劉氏據有天下，文獻也漸漸發達，藝術也日見進境。最著名而最盛行的壁畫，有未央宮、甘泉宮、明堂、麒麟閣、明光殿、越殿門、禮殿、魯靈光殿以及畫挑板、畫車、畫雞，以及《天文圖》《兵家圖》。後漢有畫列仙，畫經史，畫府舍，畫郡府聽事，畫鴻都門，畫飛軨，畫《列女》，畫《三禮圖》，及《禹貢圖》。但最偉大的是雲台的壁畫。當永平中，顯宗追念功臣，把二十八位有卓勳的名將畫上去，外有王常、李通、竇融、卓茂，合三十二人。這遺跡現在是不能見了，卻不能不佩服是煞費精神的經營。

像雲台的畫壁，是專為紀念功臣而作，絕無裝飾的意義，所以勸誡懲獎的成分居多，脫不了禮教思想的束縛，當不若隋唐以後的純為裝飾而設，把輔助政教的用意推倒。但此時候雖未受多大佛教的影響，然含宗教的信仰問題，實已開端。明帝的遣使天竺不是求佛嗎？

> 帝夢見金人長大，頂有光明。以問群臣。或曰：「西方有神名曰佛，其形長丈六尺，而黃金色。」帝於是遣使天竺，問佛道法，遂於中國圖畫形象焉。
>
> ——《漢書．西域傳》

他遣使到月氏國去，一面學佛教經典，一面仿造白氎上的佛倚像畫，放在南宮的清涼台和顯節、壽陵兩個地方。又在白馬寺壁上畫《千乘萬騎繞塔三匝圖》，這就是佛畫的先鋒。

此外要算毛延壽和劉褒的故事。

紀元前三十三年，單于來朝中國，元帝以昭君送給他。原來元帝的後宮極多，自然觀看不盡。於是命畫工毛延壽按人寫其形貌，以備召倖。毛氏大權在握，許多暗中送些金銀財帛，希望他把自己的面貌畫得仙子般美麗。有個名叫昭君的，負其娟秀麗質，獨不肯行賄，結果輪不到幸運而斥入冷宮。後來元帝就把她贈給單于。臨去的時候，照例應召見訓誡幾句的，哪曉得元帝一睹昭君，歎為後宮第一！但是名籍已決定了，也無法挽回了，毛延壽及其同工的七十二人一日市斬。

劉褒是風景畫家，曾畫了一張《雲漢圖》，看的人會覺很熱的，又畫了一張《北風圖》，看的人會涼爽生寒。真是神乎其技了！

此外別開生面的創作，有永建四年造的孝堂山祠的石刻及嘉祥縣武梁祠的石刻。這

山東嘉祥武梁祠西壁畫像

兩處都是浮雕，刻些聖賢烈女，戰爭魚龍……的圖樣，又刻些祥瑞的東西。但武梁祠是凹刻，孝堂山祠是凸刻。對於漢代的建築、車輿、器具、服用之形式，表現無遺，不獨是古樸而已。

大概中國繪畫自「文字畫」以來，在夏時已知線條的美妙而加以放任地運用。這在當時鐘鼎彝器的花紋上可以證明，不能不誇是中國民眾知識心靈交互發達的結果！如雲雷文及罍之制，都是應用最廣之一例。陶器，金器，壁畫，石刻，在在有恰到好處之佈置。把中國民族固有的雄壯的氣概，偉大的格調，愈加呈露出來，居然成一有力的通用的形式。再以上述的兩處石刻而論，中國繪畫的線條，確有獨到之處！這是古人的精神第二，也是各當時代民物風俗淳厚敦樸之所以助成，並不可以看作偶然的呀！

佛教的影響

自漢以來，中國繪畫已趨於線條變化的追求。山水畫尚沒有怎樣開展，雖然漸脱了陪襯的地位。而所謂「皴法」，還沒有人敢利用。但人物畫的發達，卻突飛猛進。這因為漢代的畫像日見其多，若雲台、麒麟閣……都是宏大的製作。它給予人民的暗示，出於帝王意想之外，不是形式的意義能把人民有所感動，是筆跡的綿綿有致，奇異的刺激，倒深入了一班有繪畫天才者的腦海，充任了魏晉六朝人物畫大興盛的引子。

然天才的出現，相當的環境是增加力量的。固然是需要所有印象做自己的依歸，而「骨法」的美備，也是需要更切的參考。自是心靈中會澎湃激蕩不能自已。所以曹不興、衛協、顧愷之、陸探微、張僧繇諸大家就應運而產生了！但最大的影響，還是佛教的輸入。有人是這樣證明：

佛教的宣道者，都能作畫。他們所表現的和中國的畫根本歧異。因此中國的畫面從此受其感動而稍改舊觀。

這話未免武斷而且簡單，傳教的雖多，但每人都有繪畫的能力，卻未敢盡信。像這種不普遍的足跡，影響豈如此宏大！我以為魏晉六朝的畫風，洵可說是完全的佛教美術，大約是三種環境所形成。

1. 六朝時崇尚清談，朝野一致，信仰心極其普遍，且經典亦譯出甚多。

2. 傳教者絡繹於印度、中國之間，且不時攜繪製或雕塑的佛像來中國，不無影響。

3. 造像及壁畫極盛。

只有「六朝金粉」一句話，這大可表示江南的

寶山寺六朝造像

人文藝苑之勃興。斯時北地淪於夷狄，釋教風行，至有國教之目，這或是後世「南」「北」分歧的嚆矢。到了南北朝，梁武帝召集許多僧人，印度浮海而來的也極眾多，大家在一塊兒居住，並將天下的寺宇，優加崇飾。又自己親受剃度做了和尚，經過這樣現身說法的提倡，豈有不靡然成風的道理！人民默存虔敬信仰之心，當然不錯。所以繪畫也成了信仰心下的一種工作，無非引起觀者崇拜的誠意。加之常常可以看到印度來的作品，於是也仿着描繪，並且從中穎悟了暈染的方法，和背景的運用。又加之當時的造像畫壁風起雲湧，影響尤巨！丈六的，丈八的，四面的，六面的，不知多少。這不能不說是帝王嗜好的遺產，單舉隋代一朝，便可駭人。

隋代佛教造像之盛，遠非南北朝之比。文帝即位之開皇元年，發詔修復佛寺。至仁壽末年，造金、銀、檀香、夾蕁、牙、石等像，大小一十萬六千五百八十軀，並修治舊像一百五十萬八千九百四十軀。煬帝亦鑄刻新像三千八百五十軀，其中有百三十尺之彌陀坐像等。舊像之修治，則達一十萬一千軀。經此修治，凡周武滅法之慘跡，皆行回復。又文帝皇后獨孤氏為其父建趙景公寺，造銀像六百餘軀。禮部尚書張穎捐宅為寺，造十萬軀之金銅像，天台之智者大師，於一生之間造像達八十萬軀。其餘丈六丈八等大銅像，製作之記錄頗多。至於一時製多數之像，則為今日遺傳最多之一二寸小銅像無疑，其盛況實可驚人！又當時民戶均備有經像，亦因奉文帝之詔也。

——大村西崖《中國美術史》（陳譯）

於是以佛為美術中心的六朝，從恢宏騰達的空氣裡，又踴躍地畫壁。這時的畫法，與周、秦、漢不同。是含有印度風味，而趨向便化的裝飾。後來慢慢擴充而滲入民眾的嗜好，成了極堅固的壁壘。如衣服褶紋，及肩背的弧度，線與線的聯合和展佈，邊緣所綴菱花麻葉的模樣，都充量容有特殊的格調！據《貞觀公私畫史》記載，有四十七處的名跡。可想當時的努力了！寺名、作者、寺址如下：

1. 晉，瓦官寺，有顧愷之、張僧繇畫壁，在江寧。

2. 宋，法王寺，顧駿之畫，在永嘉。
3. 晉，龍寬寺，史道碩畫，在江陵。
4. 晉，本紀寺，史道碩畫，在郯中。
5. 齊，王觀寺，沈標畫，在會稽。
6. 魏，白雀寺，董伯仁畫，在汝州。
7. 魏，北宣寺，楊子華畫，在鄴中。
8. 梁，定林寺，解倩畫，在江寧。
9. 梁，惠聚寺，張僧繇畫，在江陵。
10. 梁，延祚寺，張僧繇畫，在江陵。
11. 梁，長慶寺，江僧寶畫，在江陵。
12. 梁，何后寺，陸整之畫，在江寧。
13. 梁，光相寺，了光畫，在江陵。
14. 梁，陟屺寺，張善果畫，在江陵。

15. 梁，高座寺，張僧繇畫，在江寧。
16. 梁，景公寺，江僧寶畫，在江寧。
17. 梁，開善寺，張僧繇畫，在江寧。
18. 梁，草堂寺，焦寶願畫，在江寧。
19. 梁，報恩寺，張儒童畫，在會稽。
20. 梁，資德寺，解倩畫，在延陵。
21. 梁，天皇寺，張僧繇、解倩畫，在江陵。
22. 北齊，大定寺，劉殺鬼畫，在鄴中。
23. 周，海寬寺，董伯仁、鄭法士畫，在固州。
24. 陳，棲霞寺，張善果畫，在江寧。
25. 陳，興聖寺，張儒童畫，在江都。
26. 陳，逮善寺，陸整之畫，在江都。
27. 陳，靜樂寺，張善果畫，在江都。

28. 陳，東安寺，張儒童、展子虔畫，在江都。
29. 陳，終聖寺，董伯仁畫，在江陵。
30. 隋，西禪寺，孫尚子畫，在長安。
31. 陳，東禪寺，鄭德文畫，在長安。
32. 隋，惠日寺，張善果畫，在江都。
33. 隋，永福寺，楊子華畫，在長安。
34. 隋，靈寶寺，展子虔、鄭法士畫，在長安。
35. 隋，光明寺，田僧亮、展子虔、鄭法士、楊契丹畫，在長安。
36. 隋，敬愛寺，孫尚子畫，在洛陽。
37. 隋，天女寺，展子虔畫，在洛陽。
38. 隋，雲花寺，展子虔畫，在洛陽。
39. 隋，清禪寺，陳善見畫，在長安。
40. 隋，光發寺，董伯仁畫，在洛陽。

41. 隋，興善寺，劉烏畫，在長安。
42. 隋，皈依寺，田僧亮畫，在長安。
43. 隋，淨域寺，張僧繇畫自外江移來，亦有孫尚子畫在長安。
44. 隋，恩覺寺，袁子昂畫，在洛陽。
45. 隋，空觀寺，袁子昂畫，在長安。
46. 隋，隆法寺，范長壽、張孝師畫，在長安。
47. 隋，寶刹寺，鄭法士、楊契丹畫，在長安。

現在可以把曹不興、衛協、顧愷之、陸探微、張僧繇作一介紹。

曹不興，一名弗興，三國時吳人，和精於繪事的諸葛亮同時。一日孫權叫他畫屏風，他誤將筆落在畫上，馬上就借這點墨畫成一隻蒼蠅。孫權一看，以為是真的，恐污畫面就用手去拍。誰知是假的，軒渠不置！又一日，孫權在青谿地方，看見一條龍，從天而下；凌波而行，遂命不興把龍畫下，畫得像極了。孫權親筆替他作贊。這幅畫龍，傳到六朝宋文帝的時候，許久不雨，祈禱無應。有人說：「何不將不興的龍，放在水面上呢？」果然一放，就連下了十幾天的大雨，這和真龍差不多了。所以《佩文齋書畫譜》列他在畫家傳第一。

衛協是弗興的弟子，有出藍之譽。能在形象逼真之外，表示作者的個性！所以顧愷之讚他：「密於情思。」

以「情」入畫，埋伏了蔑視形似的暗礁了。

他最善畫佛，中國以佛畫傳名於後世的恐怕是第一個。能以挹形賦情，納之筆底。故《七佛圖》《釋迦牟尼像》《穆王燕瑤池圖》都冠絕晉代，為後世法。

顧愷之，又是衛協的弟子，字長康，少字虎頭，當時都呼他為顧虎頭。他的詩書畫三者都登峰造極，故有「虎頭三絕」之美譽。他不僅是一個能塗抹的畫工，且是博學而有才氣的大家。他的畫是和眾工不同的，「畫體周贍，無適弗該。雖寄跡翰墨，而神氣飄然在煙霄之上，不可以圖畫間求」，是最有精神的了。在興寧——一說興慶——中，初造瓦官寺，他一個人獨允捐錢百萬。一天，他到寺中去，許多僧人向他要錢。他說：「預備一塊壁吧！」於是往往來來一個月，畫了一尊維摩詰像。將畫完的時候，對眾僧說道：

第一日觀者，請施十萬。第二日可五萬，第三日可任例責施。

後來把門一開，光照一寺！不知奇駭了多少觀眾。不到許久，得錢百萬了。他並做了一次開心的勾當，有個鄰居的女子長得很好，他歡喜她，但又不可以親近。只得畫了她的像，用鋒利的針去刺那芳心，她當時心痛。結果彼此明白了！她也答應了！

愷之有《論畫》一篇，對於畫法畫情，俱中肯要。又有《魏晉勝流畫贊》及《畫雲台山記》二篇，雖脱錯不貫，然從

東晉顧愷之《洛神賦圖》（局部）

前者可知當時摹寫之情形及方法，從後者可考晉代繪畫之思想。他說：

手揮五弦易，目送飛鴻難！

這是何等精湛的高論！茲舉《論畫》數則：

凡畫人最難，次山水，次狗馬。台榭，一定器耳，難成而易好，不待「遷想妙得」也。此乃巧歷不能差其品也。

壯士，有奔騰大勢，恨不盡激揚之態。

列士，有骨俱，然藺生恨急列不似英賢之慨。以求古人，未之見也。於秦王之對荊軻，及復大閒，凡此類，雖美而不盡善也。

可說中國的繪畫思想，到愷之出而成系統，是南齊謝赫「六法論」的先祖。他主要理論是：① 盡美尤須盡善；② 遷想妙得。

陸探微《宣和畫譜》載：「人謂畫有六法，自古鮮能兼之，至探微得法為備，包孕前後，古今獨立。」他曾事宋明帝，最精的是寫真畫。外如群馬、獼猴、鬥雞、蟲魚、山水、人物……真是無一不能，無一不精。他的長處是筆觸的感情豐富，有人說是移寫字的筆法去畫的，但又生趣盎然！生趣彌加！《宣和畫譜》把他歸之於道釋派的畫家，並附列他十種作品：①《無量壽佛像》；②《佛因地圖》；③《降靈文殊像》；④《淨名居士像》；⑤《托塔天王圖》；⑥《北門天王像》；⑦《天王圖》；⑧《王獻之像》；⑨《五馬圖》；⑩《摩利支天菩薩像》。

當時他還以顧愷之的畫法作連綿不絕之一筆畫，筆法遒麗，潤媚動人。所以《畫斷》有「張得其肉」——張謂張墨，衛協弟子——「陸得其骨」「顧得其神」的評語。可見陸探微的筆觸，犀利如此。

張僧繇是梁朝的大家，他的名聲真是赫赫的了不得。最擅長的是塔廟，直是「超越群工，今古不失，奇形異貌，殊方夷夏，皆參其妙」了。但他以「豈唯六法美備，實亦萬類皆妙」的功夫，把相傳不變的「骨法」，居然敢大膽予以渲染，創後世沒骨畫法之先河。所以他的天皇寺柏堂之《盧舍那佛》，及《孔子十哲》，金陵安樂寺之四龍及鷹，都成繪畫史上有名之跡了。因為他作畫特別留心，即一點一畫，也不肯放過，而必須表現胸中所有的靈感。這種畫法傳了他的兒子善果、儒童兩人，並可以亂真。

此外以佛教人物畫著名的有晉朝的：張墨、荀勖；南北朝的：宗炳、謝赫、楊子華、曹仲達、田僧亮；隋朝的四大家：董伯仁、展子虔、孫尚子、楊契丹。都是大大的卓著聲譽者。其中謝赫還是畫學史上不可磨滅之一員。這是在上述以外與佛教不相關係的。

唐代的朝野

若是帝王不歡喜這樣東西，這樣東西其倒霉無疑了，這是必然的結果。假使梁武帝不親自為僧，當時佛教思想恐不如此隆盛，即畫壁造像也未必能瀰漫全國。

人民的思維，實以帝王為樞紐而隨其輪迴，有些盲從得不能辨別應當不應當。完全為迎合大人公卿而借作進身之階者，佔了全部的極多數。然而又有些性靈未泯的高人野士，他們以為這種滅絕自我的行為，是葬送繪畫的生命！是可恥！不僅這樣，並以為這種藝術是貴族門面的裝飾，是矯示富有的幌子，是技巧的忠實弟子，是一件毫無意義呆板的動作。

「物極必反」，這是說明天地最為公平。把綿遠的歷史，調和得像連續的圖案一樣。六朝以來，人物畫被印度的法度理想奪了固有的坐席。山水畫也自不甘寂寞，起而以高尚而豐於性靈的幽緒，納於實地寫生之中。此在南北朝的隱士宗炳已有「臥以遊之」的雅事，說道：「撫琴動操，欲令眾山皆響！」山水之能感人，是更可相信了。他又說：

聖人含道映物；賢者澄懷味像。至於山水，質有而趣靈。是以軒轅、堯、孔、廣成、大隗、許由、孤竹之流，必有崆峒、具茨、藐姑、箕首、大蒙之遊焉！又稱仁智之樂焉！夫聖人以神法道，而賢者通；山水以形媚道，而仁者樂，不亦幾乎？……於是畫像布色，構茲雲嶺。夫理絕於中古之上者，可意求於千載之下；旨微於言象之外者，可心取於書策之內。況乎身所盤桓，目所綢繆，以形寫形，以色貌色也。且夫崑崙山之大，瞳子之小，迫目以寸，則其形莫睹！迥以數里，則可圍於寸眸。誠由去之稍闊，則其見彌小。今張綃素以遠映，則昆閬之形，可圍於方寸之內。豎畫三寸，當千仞之高；橫墨數尺，體百里之迥。是以觀圖者，徒患類之不巧，不以製小而累其似，此自然之勢。如是，則嵩華之秀，玄牝之靈，皆可得之於一圖矣。

——《畫山水序》

這些話最科學的了。他以「意求」「心取」做自我的張本。又創「去之稍遠，則其見彌小」的透視法，做寫真山水的舟楫。而王微並更進而說明繪畫的特有精神，脫盡「畫教」的羈絆，說道：

夫言繪畫者，竟求容勢而已。且古人之作畫也，非以案城域，辨方州，標鎮阜，劃浸流。本乎形者，融靈而動，變者心也，靈無所見，故所託不動；目有所極，故所見不周。於是乎以一管之筆，擬太虛之體；以判軀之狀，畫寸眸之明。曲以為嵩高，趣以為方丈。以叐之畫，齊乎太華，枉之點，表夫龍準。眉額頰輔，若晏笑兮！孤岩郁秀，若吐雲兮！橫變縱化，故「動」生焉，前矩後方，□□出焉。然後宮觀舟車，器以類聚；犬馬禽魚，物以狀分，此畫之致也。望秋雲神飛揚，臨春風思浩蕩，雖有金石之樂，珪璋之琛，豈能彷彿之哉？披圖按牒，效異山海，綠林揚風，白水激澗。嗚呼！豈獨運諸指掌，亦以明神降之，此畫之情也。

——《敘畫》

在畫理有這樣進步以後，第一效能，就是反對以繪畫做政治的副物。以為繪畫應當獨自存在，不能附有政治宗教及其他色彩。這與帝王思想何等相左，擔任這將繪畫從「教人」移轉成「感人」的責任的是吳道玄。

呵！吳道玄，中國空前偉大的畫家！

吳道玄，字道子，洛陽人。他的畫私淑張僧繇，而天賦的畫才，直是千古而不一遇。無論畫甚麼東西，大的小的，都是信手而造，絕不假器具以為依靠。他毫不信仰「不以規矩，不能成方圓」的話。他運筆如旋風，幾十丈高的壁畫，都是懸腕而揮。並且畫人可以從足一直畫上去，甚麼部位，精神，一毫也不差錯的。所以他最工壁畫，一共畫了

唐吳道子《送子天王圖》（局部）

三百多起。神禽鬼獸，山水雲樹，崖石草木，皆冠絕一時。當時有個張孝師，相傳他曾到過陰司，把所看見的鬼鬼怪怪一概畫將出來，真是可怕！道子覺得這有甚麼稀奇呢？馬上就在景雲寺畫了一張《地獄變相圖》。那圖上是寫了許多造惡者正在受殘酷的刑具，陰氣森森逼人！有些屠夫、漁夫看了，居然改變職業，這不過是客觀的感受。

他以為畫是有「理」有「性」的，並且要天才去灌溉。沒有到過地獄，未嘗不能畫地獄的變相。然而批評的人，竟把這忽略了，稱讚客觀的感受，以為繪畫的意義正應如此。像黃伯思說：

> 吳道子之《地獄變相圖》，與見於現今之諸寺院者，大異其趣。蓋圖中無一所謂劍林、獄府、牛頭、馬面、青鬼、赤鬼者，尚有一種陰氣襲人而來，使觀者不寒而慄！是以捨惡業而就善道，誰謂繪畫為小技哉？
>
> ——《東觀餘論》

這總可證明道子在當時的一斑。雖然是題外的影響，但日本的宗教畫，還是借這《地獄變相圖》而興盛的。

而他技不止此，他是在「曹衣出水」之外，一變而為「吳帶當風」，和古來的游絲琴弦異味。他以如蒓菜之筆觸，再薄施淡彩，創出「吳裝」的新局。郭若虛說：

吳道子畫，今古一人而已。愛賓稱「前不見顧、陸，後無來者」，不其然哉？嘗觀所畫牆壁卷軸，落筆雄勁，而傅彩簡淡，或有牆壁間設色重處，多是後人裝飾。至今畫家有輕拂丹青者，謂之「吳裝」。

——《圖畫見聞誌》

至於他的山水畫，除去「功臣」二字不提，單就技能上，更是驚人的了！

明皇思嘉陵江山水，命吳道玄往圖。及索其本，曰：「寓之心矣！敢不有一於此也。」詔大同殿圖本以進，嘉陵江三百里，一日而畫，遠近可尺寸計也。

——《廣川畫跋》

所謂大同殿的畫本，是李思訓畫的。畫了一個多月，明皇也讚他一句「好」！然道子不過一日就完了。這時間的比，即是「技巧」與「性靈」的比。道子的確下筆如神！當時：

明皇宮殿之牆，極為廣闊。帝一日命道子繪山水畫於其上。道子乃備置繪料，用帳幕蔽牆外，身隱其中而繪之。少頃揭帳，則牆面山林雲靄，人物花鳥，煥然生動，逼似天成。帝見而大驚。疑訪問，道子忽指畫中而言曰：「彼山麓有穴，神靈居之，穴中美景不可思議！臣將啟其門，請陛下一往遊焉。」因拍其手，山門忽開，道子走入其中，回身招帝隨往，帝將進而山門忽閉！倉皇愕眙間，壁畫全消，止有道子未着一筆前之粉牆而已。由是吳道子遂不復見。

——盎得而遜《中國日本畫目提要》

以道子的「時間」「畫風」而論，實有承前啟後的可能。他的作品，載入《宣和畫譜》的尚有九十三種之多。足見包孕眾長，無所不盡。我們從各面推想，至少應認他的力量為宏大無涯。第一點，能以極短的時間握到全畫面的生命，所以生動非常。第二點，能以簡勁的線條，和輕淡的色彩，表現出塵的姿態。再說，第一點是打倒刻板的精工的習尚，顧性格的充分表出。第二點是打倒重而且濁的筆觸和色彩，創造生龍活虎的調子，也是可以的。他本人雖和明皇很接近，但他的藝術不是明皇所期望，所以明皇才會驚訝失措。因此道子的繪畫，是以「性」「理」為對象，覺得性靈思理較任何條件為重要，只要有相當之嗜好，即可得相當之了解，或竟有相當之影響。這不能說他受了朝廷的糾絆，故他才能把山水畫得逼似天成。

今假設吳道子是調劑「朝」「野」的一員大將，那麼對這一點是應當表示敬意的。若問代表朝廷繪畫的是誰？這即可以答覆：

就是吳道子一日可畫完的東西，而必須一個多月始能成功的李思訓——大李將軍。

他是唐朝的宗室，字健兒，「世族豪貴，舉時莫京」。曾做過左武衛大將軍彰城公。

唐李思訓《江帆樓閣圖》(傳)

他濡染朝廷的環境既深；復以地位的崇高足貴，耳聞目習，雍華特甚。所以他的畫，恆被「華貴」之紗。湯垕說他是：

用金碧輝映，自成一家法。

——《畫鑒》

但雖自成家法，而其主要畫理卻很少見到。據說是崇尚鈎斫，用小斧劈皴，加以金碧青綠濃厚的色彩。這種畫風，精工裔麗固是得未曾有；而奇拔傲岸，也算獨樹一幟。英人Pushell把唐畫歸之古典時代，可謂完全是稱揚朝廷藝術的分類。同時滅絕了一般的民間的藝術，當然不怎樣精當。

原來李思訓的着色山水，其金碧輝映一格，表示高貴的在朝的典型有餘，而深入民間的力量不足。古人有「雖極精工，究屬板細」之評。這五日一山、十日一水的事，焉能求大眾的可能？但在北部，因為都城的所在，從之者倒也不少。並且思訓的兒子昭道，又能克紹父業，使這貴族精神的遺體，得所維繫，開趙宋一代院體之先聲。其實這種資本雄厚的製作，有幾人願意仿效？再以心理的感召不同，在南部是已將它的一切都喪失了。

大自然的趨勢，北方崇山峻嶺，崖壁峭拔，人民體壯性剛，淳樸不變。李思訓父子受了這自然的包圍，畫面全呈北地澔重意味。南方則不然，秀水明山，平原在望，所以明媚的周遭，和奇峭的東西是格格不入了。這在事實上朝廷的力量可以普及全國，但在朝的繪畫是不能影響南方的。然藝術的滋潤，是人民精神生活的唯

唐李昭道《明皇幸蜀圖》（傳）

一出路，「華貴」的注入，恰恰與「幽雅」站了相對的兩方面。好在環境是不許如此，不許不顧到大多數人民的渴望，雖是當時詩風瀰漫，不過是一條路而已。偉大的大眾需要的繪畫藝術，自是當務之急。

有了一人，他揭竿而起，作空前反在朝繪畫的運動。他以為在朝的繪畫是：① 不普遍；② 戕賊性靈；③ 代表少數豪華階級。特創水墨渲染之法，打倒專崇鈎斫的青綠山水。發表許多關於繪畫的言論，毅然以「寫意」的繪畫——在野的——相抗！這就是尚書右丞王維先生。紀元後七〇一年生，七六一年卒，享壽六十歲。

維字摩詰，太原人。工詩，又善畫。宋蘇東坡曾說：「味摩詰之詩，詩中有畫；觀摩詰之畫，畫中有詩。」他最精的是山水畫，筆力雄偉，神韻超逸，不但可與天然景物爭妍，直是非食人間煙火者可擬。天機獨運，世莫與京！好像天地的珍秘，待他出來才肯跡發，他自己有四句詩：

宿世謬詞客，前身應畫師。不能捨餘習，偶被世人知。

這是如何解脫的話呢？他因為要貫徹這種主張，所以他論畫山水篇上，劈頭就說：

夫畫道之中，水墨最為上。肇自然之性，成造化之功。

這麼一來，李思訓的青綠山水，金碧輝映，如驟膺狂風暴雨一般。雖然，何謂「水墨最為上」呢？何謂寫意呢？水墨就是寫意，寫意必須水墨。調青研綠，鈎之斫之，是不會有「意」的。故他又說：

凡畫山水，意在筆先。

唐王維《江干雪霽圖》（傳）

不但有意，而有意還要在用筆之先，使胸中的丘壑，有充分佈置的餘地。畫面的韻味，自大增益。所以他將怎樣去佈置一幅畫，以及樹石水草怎樣佈置，怎樣取捨……都發揮無餘。他說：

或咫尺之圖，寫百千里之景。東西南北，宛爾目前；春夏秋冬，生於筆下。初鋪水際，忌為浮泛之山；次布路歧，莫作連綿之道。主峰最宜高聳，客山須是奔趨。回抱處，僧舍可安；水陸邊，人家可置。村莊着數樹以成林，枝須抱體；山崖合一水而瀉瀑，泉不亂流。渡口只宜寂寂，人行須是疏疏。泛舟楫之橋樑，且宜高聳；着漁人之釣艇，低乃無妨。懸崖險峻之間，好安怪木；峭壁巉岩之處，莫可通塗。遠岫與雲容相接，遙天共水色交光。山鈎鎖處，沿流最出其中；路接危時，棧道可安於此。平地樓台，偏宜高柳映人家；名山寺觀，雅稱奇杉襯樓閣。遠景煙籠，深岩雲鎖。酒旗則當路高懸，客帆宜遇水低掛。遠山須要低排，近樹惟宜拔進。手親筆硯之餘，有時遊戲三昧。歲月遙永，頗探幽微。妙悟者，不在多言；善學者，還從規矩。

塔頂參天，不須見殿。似有似無，或上或下。茆堆土埠，半露檐廒；草舍廬亭，略呈檣檸。

山分八面，石有三方，閒雲切忌芝草樣。

人物不過一寸許，松柏上現二尺長。

——《山水訣》

又說：

丈山尺樹，寸馬分人。遠人無目，遠樹無枝，遠山無石，隱隱如眉；遠水無波，高與雲齊，此是訣也。山腰雲塞，石壁泉塞，樓台樹塞，道路人塞。石看三面，路看兩頭，樹看頂頭，水看風脚，此是法也。凡畫山水：平夷頂尖者，巔。峭峻相連者，嶺。有穴者，岫。峭壁者，崖。懸石者，岩。形圓者，巒。路通者，川。

兩山夾道，名為壑也。兩山夾水，名為澗也。似嶺而高者，名為陵也。極目而平者，名為坂也。依此者，粗知山水之彷彿也。觀者先看氣象，後辨清濁，定賓主之朝揖；列群峰之威儀。多則亂，少則慢，不多不少，要分遠近。遠山不得連近山，遠水不得連近水。山腰掩抱，寺舍可安；斷崖坡堤，小橋可置。有路處則林木，岸絕處則古渡，水斷處則煙樹，水闊處則征帆，林密處則居舍。臨岩古木，根斷而纏藤；臨流石岸，敧奇而水痕。凡畫林木：遠者疏平，近者高密。有葉者枝嫩柔，無葉者枝硬勁。松皮如鱗，柏皮纏身。生土上者根長而莖直，生石上者拳曲而伶仃。古木節多而半死，寒林扶疏而蕭森。有雨不分天地，不辨東西。有風無雨，只看樹枝。有雨無風，樹頭低壓，行人傘笠，漁父蓑衣。雨霽：則雲收天碧，薄霧霏微，山添翠潤，日近斜暉。早景：則千山欲曉，霧靄微微，朦朧殘月，氣色昏迷。晚景：則山銜紅日，帆捲江渚，路行人急，半掩柴扉。春景：則霧鎖煙籠，長煙引素，水如藍染，山色漸青。夏景：則古木蔽天，綠水無波，穿雲瀑布，近水幽亭。秋景：則天如水色，簇簇幽林，雁鴻秋水，蘆鳥沙汀。冬景：

則借地為雪，樵者負薪，漁舟倚岸，水淺沙平。凡畫山水，須按四時，或曰「煙籠霧鎖」，或曰「楚岫雲歸」，或曰「秋天曉霽」，或曰「古塚斷碑」，或曰「洞庭春色」，或曰「路荒人迷」，如此之類，謂之畫題。山頭不得一樣，樹頭不得一般。山藉樹而為衣，樹藉山而為骨。樹不可繁，要見山之秀麗；山不可亂，要顯樹之精神。能如此者，可謂名手之畫山水也！

——《山水論》

（《畫苑補益》作荊浩《山水賦》）

他雖是主張「意在筆先」「先看氣象」，而卻仍說道：「妙悟者，不在多言；善學者，還從規矩。」可見「意」是規矩以內的意，並不是亂畫就算「寫意」，亂畫不是藝術。所以他說：「能如此者，可謂名手之畫山水也！」

朝廷藝術既被在野的「寫意」一挫其鋒芒以後，當時就有盧鴻一、鄭虔、張文通、王洽、張志和、韋偃……起而響應。於是在野的旗幟，愈加鮮明起來，結果竟把中國所有的畫者，都握在「寫意」之中。不過李思訓一派，宋朝、明朝還是賴帝王之力有畸形的再興，這都是後話。

朝野的因緣既明，唐代的繪畫也得了大半，我們不能不歸功於王維，更不能不慶祝「在野」藝術的勝利。人類是有「性」而明於「理」的動物，一切不合或戕殺理性的事件，總是自取其消滅。而王維是以理和性靈做了基礎，他所闡明的理論，皆從這絕大的基礎出發。所以可以說朝廷藝術的崩壞，不能怨及提倡者。但是這種勝利，也可說是環境，是廣大的野外，是透徹的出世思想，是最深邃的學問，同時還是磊落光明的寄託。在如許條件之下，豈有專事描骨法而加青綠的存在？骨法與青綠，有時可以犧牲，而人品意境是喪失了便沒有畫的。所以董其昌說寫意畫為文人畫，因為文人才能具備這些條件。他說：

文人之畫自王右丞始。其後董源、巨然、李成、范寬為嫡子，李龍眠、王縉卿、米南宮及虎兒皆從董、巨得來，直至元四大家黃子久、王叔明、倪元鎮、吳仲圭皆其正傳。吾朝文、沈則又遠接衣缽。若馬、夏及李唐、劉松年又是大李將軍之派，非吾曹所當學也！

——《畫旨》

又別作南北宗說：

禪家有南北二宗，唐時始分，畫家有南北二宗，亦唐時始分。但其人非南北耳！北宗則李思訓父子着色山水，流傳而為宋之趙干、趙伯駒、伯驌以至馬遠、夏圭輩；南宗則王摩詰始用渲淡，一變勾斫之法，其傳而為張璪、荊、關、董、巨、郭忠恕、米家父子以至元之四大家。

——《畫禪室隨筆》

所謂文人畫，所謂南宗，自是在野的。所謂北宗，自是在朝的。現在歸納一下：

在朝的繪畫，即北宗。

1. 注重顏色骨法。
2. 完全客觀的。
3. 製作繁難。
4. 缺少個性的顯示。
5. 貴族的。

在野的繪畫，即南宗，即文人畫。

1. 注重水墨渲染。
2. 主觀重於客觀。
3. 揮灑容易。
4. 有自我的表現。
5. 平民的。

畫院的勢力及其影響

未及畫院之前，宜先述以下的許多話。

照時間上推算，應當把五代的畫壇談一談。照環境上論，五代也是個混亂割據的局面。所謂後梁、後唐、後晉、後漢、後周，都忙於土地的侵佔和保守，哪有閒情逸致去放在這不關痛癢的繪畫上面？然而藝術之光焰萬丈，並不覺得頹減，反因帝王思想的轉移，使民間藝術之流得激動其波濤，一直率領到宋代的民間繪畫代表者之手。

所謂在朝藝術的遺產——李思訓一派——它本來是依晏安的環境而生，也因不安的環境而中斷。雖不能說絕對沒有拾其唾棄的畫家，但噤不則聲，我們的繪畫史上當然只有拒絕！這因為在野的中心理論，立足非常堅穩，印入民間的程度很深，只要豐於文采、敦於品行的人研究起來實是容易不過的。再加以這時代的戰爭相尋，物質的迷夢已被不得安居樂業的刺激擊破。知道了朝廷的分歧，是充分表示物質慾的暴漲。不得已，在這樣顛沛流離的陷阱中，誰去效那愚夫愚婦做執鞭的追求？唯有性靈的抒寫，或可使「度日如年」的時間，快些成為過去的陳跡。於是性靈道上，頓形擁擠不堪！無非想以抒寫性靈來做「精神」夥伴。

這擁擠不堪的道上，走前喝導的就是荊浩。

他承認薄施顏色和水墨渲染，不唯無妨礙而且有相得益彰的妙處。他舉一個「真」字做基礎，以為不「真」的東西，即是虛偽。那麼既能「真」，性靈在其中了。

他第一打倒一切的「欲」。他說：

嗜慾者，生之賊也。

——《筆法記》

驅逐這賊的只有繪畫了，所以他又說：

名賢縱樂琴書圖畫，代去雜欲。

——《筆法記》

他既以「真」為繪畫最大鵠的，但「真」和「似」有些不同。真是很難的獲得！看他自

五代荊浩《匡廬圖》(傳)

己的「真」罷！

太行之山有洪谷，其間數畝之田，吾常耕而食之。有日登神鉦山四望回跡入大岩，扉苔徑，露水怪石，祥煙疾進，其處皆古松也。中獨圍大者，皮老蒼蘚，翔鱗乘空，蟠虬之勢，欲附雲漢。成林者，爽氣重榮；不能者，抱節自屈。或回根出土，或偃截巨流，掛岸盤溪，披苔裂石。因驚其異，遍而賞之。明日，攜筆復就寫之，凡數萬本，方如其「真」。

——《筆法記》

他再假設有這樣個老人，把「真」透徹地說出來。

明年春，來於石鼓，岩間遇一叟，因問，具以其來所由而答之。叟曰：「子知筆法乎？」曰：「叟，儀形野人也，豈知筆法耶！」叟曰：「子豈知吾所懷耶？」

聞而惭駭！叟曰：「少年好學，終可成也。夫畫有六要：一曰氣，二曰韻，三曰思，四曰景，五曰筆，六曰墨。」曰：「畫者，華也。但貴『似』得『真』，豈此撓矣。」叟曰：「不然！畫者，畫也。度物象而取其『真』。物之華，取其華；物之實，取其實。不可執華為實。若不知術，苟『似』可也，圖『真』不可及也。」曰：「何以為『似』？何以為『真』？」叟曰：「『似』者，得其形，遺其氣，『真』者，氣質俱盛。凡氣傳於華，遺於象，象之死也！」謝曰：「故知書畫者，名賢之所學也。」

——《筆法記》

至於他的《畫說》一篇，更是完美無倫了。

靈台記，整精緻，朝洗筆，暮出顏，勤渲硯，習描戳，學梳渲，謹點畫。烘天青，潑地綠，上疊竹，賀松熟。長寫梅，人蘭蒲，湛稽菊，匀錘絹。冬膠水，夏膠漆，將無項，女無肩，佛秀麗，淡仙賢。人雄偉，美人長，宮樣妝，坐看五，立量七。若要笑，眉灣嘴撓；若要哭，眉鎖額蹙。氣努很，眼張拱，愁的龍，現升降；嘯的鳳，意騰翔，哭的獅，跳舞戲；龍的甲，卻無數，虎尾點，十三斑。人徘徊，山賓主，樹參差，水曲折。虎威勢，禽噪宿，花馥郁，蟲捕捉，馬嘶蹶，牛行臥。藤點做，草畫率，紅間黃，秋葉墮；紅間綠，花簇簇，青間紫，不如死；粉籠黃，勝增光，於思忖，不如見；色施明，物件便。

——《畫說》錄自《唐六如畫譜》

他有個及門弟子，叫作關仝。承繼他所有的技能和理論，居然有出藍之譽！最善寫秋意，秋有肅殺之氣，大約有感而為吧？

仝，喜作秋山寒林，與其村居野渡，幽人逸士，魚市山驛。使見者悠然如在灞橋風雪中，三峽聞猿時；不復有市朝抗塵走俗之狀。蓋仝之畫，脫略毫楮，筆愈簡而氣愈壯；景愈少而意愈長也。

——《宣和畫譜》

從此，我們可以得到一個新印象，精工的描寫既不對；滿紙峰巒也可恨，堆砌顏色更是死氣。不過只要「真」，故不必千山萬水；只要「意」，故不必刻意求工。至於色彩，淡

五代關仝《關山行旅圖》（傳）

施可也。這是應當注意的事！

述荊、關既畢，那麼「畫院」是甚麼東西呢？

可以用下面的話來答覆：

定一種制度官階，有階級的把畫者集合攏來，供帝王的呼使，這個集團，就是「畫院」。

又說到帝王身上。先是唐朝的繪畫，在朝的勢力卻是不弱，像李思訓、閻立德、閻立本一班人，都身任待詔之職。但還未嘗公開成立一種組織，就是制度等等，也從未創設，這當然不是「畫院」，「畫院」的胚胎，是南唐後主李煜肇始設置。因為後主文學的功夫極好，又會寫字，又會畫畫，有了這豐富的天才，所以對於藝術特有興會。單就收藏書畫，集英殿不是琳琅滿目嗎？他最精畫竹，全用勾勒的筆法，曾說他的筆法，唯柳公權才有，別人是不會的。自己既是內行，又自負很高，當時周文矩、曹仲立、高太沖……都承旨而入畫院。於一遇着閒暇的時候，就集合一處，同時揮灑。這樣逸興遄飛，也無可厚非，自然是提倡和獎勵的妙法。

和南唐有同好的前蜀，收藏也多。有個翰林院待詔黃筌，是執前蜀畫界牛耳的花鳥大家。他的畫，技巧方面倍極工細，顏色也絢麗華茂。這種畫法，最高境界古拙而已，所謂生動，是不可能的。試看自然的花鳥，多麼美麗而活潑，豈是綿密瘦硬的線條可以托出？況濃重的顏色，依着毫無生氣的輪廓塗去，和畫面不相容極了。然秀麗堂皇之氣味，未始沒有，故後來稱他的畫為「富貴」。

天造地設一般！恰有南唐的望族徐熙也精花鳥。但他的畫法不同，其理論和南宗的差不多，是尚意的；是重個性與理論的。以為這張畫若是有理有意，就是不像也不要緊，枯枝敗

五代黃筌《寫生珍禽圖》

葉，也含有偉大的生命，照耀畫面。並不屏除色彩而不用，萬一需要，也只略敷一點，故後來稱他的畫為「野逸」。

兩種截然不同的畫法，儼然在對峙着。一個崇尚勾勒，厚施色彩；一個先用墨寫枝葉蕊萼，然後加以薄彩。可說是黃筌好比李思訓，徐熙好比王摩詰。這是拿山水作例的話，但徐熙偏命途多舛，得不了好評。

> 江南徐熙輩，有於雙幅縑素上，畫叢豔疊石，傍出藥苗，雜以禽鳥蜂蟬之妙，乃是供李主宮中掛設之具，謂之「鋪殿花」，次曰「裝堂花」。意在位置端莊，駢羅整肅，多不取生意自然之態，故觀者往往不甚採鑒。
>
> ——《圖畫見聞誌》

看來在野的東西，富貴人是不合口味的。我相信反轉來也是一樣！雖然富貴人不合口味，卻極流行於一般有知識者的家裡，下面是一個證明！

徐熙大小折枝，吾家亦有，士人家往往有之。

——米芾《畫史》

後來黃筌有兩個兒子，繼續這「富貴」的事業。徐熙也有三個孫子，光大「野逸」的志趣。但宋朝是黃家走運的時代，然而徐熙也算春蘭秋菊各擅重名。郭若虛說：

五代徐熙《雪竹圖》

諺云：「黃家富貴，徐熙野逸。」不惟各言其志，蓋亦耳目所習，得之於心，而應之於手也。何以明其然？黃筌與其子居寀始並事蜀為待詔，筌後累遷如京副使。既歸朝，筌領真命為宮贊，居寀復以待詔錄之，皆給事禁中，多寫禁御所有珍禽瑞鳥，奇花怪石。今傳世桃花鷹鶻，純白雉兔，金盆鵓鴿，孔雀龜鶴之類是也。又翎毛骨氣尚豐滿，而天水分色。徐熙江南處士，志節高邁，放達不羈，多狀江湖所有，汀花野竹，水鳥淵魚。今傳世梟雁鷺鷥，蒲藻蝦魚，叢豔折枝，園蔬藥苗之類是也。又翎毛形骨貴清秀，而天水通色。二者春蘭秋菊，各擅重名，下筆成珍，揮毫可範。復有居寀兄居寶，徐熙之孫曰崇嗣，曰崇矩。蜀有刁處士、劉贊、滕昌佑、夏侯延佑、李懷袞。江南有唐希雅，希雅之孫曰中祚，曰宿，及解處中輩。都下有李符、李吉之儔。及後來名手間出。跂望徐生與二黃，猶山水之有三家。

——《圖畫見聞誌》

「畫院」濫觴於南唐，而大備於宋。有待詔，祇侯，藝學，畫學正，學生，供奉的階級，但不得佩魚帶。到政和、宣和的時候，打破了例而特許於「畫院」了，可見帝王對於他們的優渥。所以各處的畫工，都想借畫的力量來做官，誰不想鑽進朝廷之門？前蜀、南唐的名手，也一齊召進，霎時間，無人不風雅了！

此後越來越多，都無非是些野心之徒！帝王覺得如此熱鬧，也許原因有些不正當，就考試起來，一則可藉以限制；二則可把不合口味的攆出去。而考取或被召的待詔供奉們，益發自高得了不得，以為天下的繪畫，我們真是不祧之祖！一面敬謹奉承帝王的鼻息，一面傲慢孫山上的同志。嗚呼！此「畫院」之所以為「畫」院也。

考試是仿照大學的辦法，用古來的詩句做題目。大約揀選抽象的，極不容易表現的句子，命想做畫官的畫工去畫，結果好的不見錄取，憤而走了。帝王認為不錯的取了。如：

1. 野水無人渡，孤舟盡日橫。
2. 萬綠叢中一點紅。
3. 踏花歸去馬蹄香。

4. 嫩綠枝頭一點紅，惱人春色不須多。

這都是畫院的題目。我們不能批評題目的本身怎樣不好，須知這種因心造境的事，豈有標準可懸？若是肯拋棄個性或有希望，否則只有回家去好了。故畫院的弊病至少有兩點：

1. 桎梏個性。

2. 使繪畫成畸形的發展。

第一點：個性是畫面的生命，是畫面價值的根本。鑒取人才，標準固不可不備，但應當隨各人的個性而決定，不應當以畫來適合死的標準。這才使有價值、有生命的作品，會得着鑒賞。像畫院取士，花鳥是規定黃筌一派，因此徐熙的孫子也就考不進了！後來折而效他，一考就取。這足以使我們相信許許多多因派別不同而被屏的，不一定畫得不好。或者主持其事者狐假虎威，故意排斥異己，也未可知。有許多重氣節的畫人，是不肯去應試的。如石恪、崔白被命都辭掉它，是很有道理的。

第二點：世界上國家可以統一，唯思想不能統一，藝術更不能統一。且把過去的畫史一看，不但沒有那個時代統一過，而愈演愈是分歧，這是隨便都可以證明的。固然畫院的本旨，未必有甚麼壟斷的心意，在當時的環境，必成不容其他畫面的出頭。因為帝王所定的趨向，總不許有學問或思想眼光比他更高的人，自然奉命惟謹，曲意阿附！可卑的事還有過於此的嗎？就是考取了的人，平常無論畫件甚麼，先要把稿本進呈，有改即改，不合即斥其職。繪畫至於看作廚房內的紅燒肉，加糖加醋，一唯食者是視，所以不管大豬、小

北宋黃居寀《山鷓棘雀圖》

北宋崔白《雙喜圖》

豬、花豬、烏豬，非弄成紅而帶黑不可，繪畫的畸形，也於是形成。

是時最得寵而有力者，厥為黃筌之子居宷，幾「無畫不黃，可謂豪矣」！但徐崇嗣雖倡「沒骨法」相抗衡，究竟抵擋不住。好在有崔白、崔愨、吳元瑜、馮進成、曹訪、石恪幾個人幫他的忙，使勢焰萬丈的「院體」，知道太跋扈了一點，把一線性靈的生命，從波濤洶湧的「院體」手中恢復不少。這是《宣和畫譜》載的：

居寀畫為一時標準，校藝者視黃氏體制為優劣去取，自崔白、崔慤、吳元瑜既出，其格遂大變。

至於崔白：

崔白，字子西，濠梁人。工畫花竹翎毛，體制清贍。雖以敗荷鳧雁得名，然於佛道鬼神，山林人獸，無不精絕。凡臨素多不用朽。復能不假直尺界筆，為長弦梃刃。熙寧初，命與艾宣、丁貺、葛守昌畫垂拱殿御扆、鶴竹各一扇，而白為首出。後恩補圖畫院藝學，白以性疏闊，度不能執事固辭之。

——《圖畫見聞誌》

至於崔慤：

崔慤，字子中，白之弟也。為左廷直。工畫花卉、翎毛，狀物佈景，與白相類。

——《宣和畫譜》

至於吳元瑜：

吳元瑜，字公器，京師人。初為吳王府直省官，換右班殿直。善畫，師崔白，能變世俗之氣所謂「院體」者。而素為「院體」之人，亦因元瑜革去故態，稍稍放筆墨。畫手之盛，追蹤前輩，蓋元瑜之力也。

——《宣和畫譜》

此外有趙昌、王友、易元吉之流，都是徐派的人物。所以元瑜一出，也就曉得「革去故態，稍稍放筆墨」，以出胸臆了。那麼「院體」即是筆拘墨束，毫無胸臆！「畫院」勢力雖然膨脹，號召也不算低，但其影響如此。

南宗全盛時代

南宗的全盛，也是在野的勝利。

這一時代，包括宋、元兩朝。宋朝不是大開翰林圖畫院嗎？其勢力及影響，僅足支花鳥一門。因為徽宗好的是翎毛，嘗用金和漆畫鷹，所以現在一般市儈，哪一個沒有徽宗的鷹呢？就是日本、英國的博物院，也有同樣的若干張。至於山水，在宋只有李唐、趙干、趙伯駒、劉松年以及馬遠、夏圭之輩，撐撐北宗的門面。但遠不如黃筌一派花鳥風頭之足。到了元朝，帝王經營很久的院體，也壽終正寢了！

自徽、欽被擄以後，南宋已成偏安的勢面，誰還去注意這風流雅韻？但一班含有特殊作用的畫工，無非想藉以苟延個人的利祿，談不到繪畫的振興。並且當時人民思想，散亂得不可思議，精神上枯燥特甚！於是南宗的寫意山水，幾成畫界的中心。難怪人才輩出，蔚為大觀，造成空前的「黃金時代」！

不但人才眾多，而畫法畫學也有精備的貢獻。如黃休復、李成、郭熙、蘇軾、郭若虛、韓拙、釋仲仁、董逌、陳郁、饒自然、李澄、郭思、黃庭堅、米芾、米友仁、沈括、黃伯思、張懷、鄧椿、趙希鵠、劉學其、趙孟濚……都有極地的見解。有幾篇我們不能不讀，因為這是造成南宗全盛的原料！

郭熙《山水訓》：

君子之所以愛夫山水者，其旨安在？丘園養素，所常處也。泉石嘯傲，所常樂也。漁樵隱逸，所常適也。猿鶴飛鳴，所常觀也。塵囂韁鎖，此人情所常厭也。煙霞仙聖，此人情所常願而不得見也。直以太平盛日，君親之心兩隆。苟潔一身，出處節義，斯係豈仁人高蹈遠引，為離世絕俗之行？而必與箕、潁埒素，黃、綺同芳哉？白駒之詩，紫芝之詠，皆不得已而長往者也。然則林泉之志，煙霞之侶，夢寐在焉，耳目斷絕。今得妙手，郁然出之，不下堂筵，坐窮泉壑！猿聲鳥啼，依約在耳；山光水色，滉漾奪目，此豈不快人意，實獲我心哉？此世之所以貴夫畫山水之本意也。不此之主，而輕心臨之。豈不蕪雜神觀，混濁清風也哉？

世之篤論，謂山水有可行者，有可望者，有可遊者，有可居者，畫凡至此，皆入妙品。但可行可望，不如可居可遊之為得。何者？觀今山川地佔數百里，可遊可居之處十無三四，而必取可居可遊之品，君子之所以渴慕林泉者，正謂此佳處故也。故畫者當以此意造；而鑒者又當以此意窮之，此之謂不失其本意。

郭熙《畫訣》：

一種使筆，不可反為筆使；一種用墨，不可反為墨用。筆與墨，人之淺近事，二物且不知所以操縱，又焉得成絕妙也哉！此亦非難，近取諸書法，正與此類也。故說者謂王右軍喜鵝，意在取其轉項，如人之執筆轉腕以結字。此正與論畫用筆同。故世之人，多謂善書者，往往善畫，蓋由其轉腕用筆之不滯也。或曰：「墨之用如何？」答曰：「用焦墨、用宿墨、用退墨、用埃墨，不一而足，不一而得。」

郭熙《論畫》：

世人止知吾落筆作畫，卻不知畫非易事。莊子說，「畫史解衣盤礴」，此真得畫家之法。人須養得胸中寬快，意思悅適，如所謂易直於諒，油然之心生，則人之笑啼情狀，物之尖斜偃側，自然布列於心中，不覺見之於筆下。……

韓拙《山水純全集》：

夫畫者，筆也，斯乃心運也。索之於未狀之前；得之於儀則之後。默契造化，與道同機。握管而潛萬象；揮毫而掃千里。

別玉者，卞氏耳；識馬者，伯樂耳。天下後世，亦無復以加諸，是猶畫山水之流於世也。隱造化之情實，論古今之賾奥，發揮天地之形容，蘊藉聖賢之藝業，豈賤隸俗人，得以易窺其端倪？蓋有不測之神思，難名之妙意，寓於其間矣。

李澄叟《畫說》：

北人山水，布置拙濁，法度莽樸。以其原野曠蕩，景乏委曲而然也。

歐陽修《論鑒畫》：

蕭條澹泊，此難畫之意，畫者得之，覽者未必識也。故飛走遲速，意淺之物易見；而閑和嚴靜，趣遠之心難形。若乃高下向背，遠近重複，此畫工之藝耳，非精鑒者之事也！不知此論為是否？余非知畫者，強為之說，但恐未必然也。然世謂好畫者，亦未必能知「此」也，「此」字不乃傷俗邪？

黃庭堅《論畫》：

余初未嘗識畫，然參禪而知無功之功，學道而知至道不煩，於是觀圖畫，悉知其巧拙工俗，造微入妙，然此豈可為單見寡聞者道哉？

米芾《論畫》：

大抵人物牛馬，一模便似，山水模皆不成，山水心匠自得處高也。

沈括《論畫》：

書畫之妙，當以神會，難可以形器求也。

歐陽文忠《盤車圖詩》：

古畫畫意不畫形，梅詩詠物無隱情，忘形得意知者寡，不若見詩如見畫。

董逌《論畫》：

世之論畫，謂其似也。若謂形似，長說假畫，非有得於真象者也。若謂得其神明，造其縣解，自當脫去轍跡，豈媿紅配綠，求象後摹寫卷界而為之邪？畫至於此，是解衣盤礴不能傴謳而趨於庭矣。

鄧椿《畫繼》：

畫者，文之極也！故古今之人，頗多着意。張彥遠所次歷代畫人，冠裳大半。

唐則少陵題詠，曲盡形容；昌黎作記，不遺毫髮。本朝文忠歐公、三蘇父子、兩晁兄弟、山谷、後山、宛丘、淮海、月岩，以至漫仕、龍眠，或評品精高，或揮灑超拔，然則畫家豈獨藝之云乎？難者以為自古文人，何止數公？有不能且不好者，將應之曰：「其為人也多文，雖有不曉畫者寡矣；其為人也無文，雖有曉畫者寡矣！」

鄭剛中《畫說》：

唐人能畫者，不敢悉數，且以鄭虔、閻立本二人論之，其用筆工拙，不可得而考，然今人借或持其遺墨售於世，則好古君子，先虔而後立本無疑。何則？虔高才，在諸儒間如赤霄孔翠，酒酣意放，搜羅物象，驅入豪端，窺造化而見天性，雖片紙點墨，自然可喜。立本幼事丹青，而人物闒茸，才術不鳴於時。負慚流汗，以紳笏奉研，是雖能摹寫窮盡，亦無佳處。余操是說以驗今人之畫，故胸中有氣味者，所作必不凡，而畫工之筆終無神觀也！

劉學其《論畫》：

侔揣萬類，揮翰染素，雖畫家一藝，然眸子無鑒裁之精，心胸有塵俗之氣。縱極工妙，而鄙野村陋，不逃明眼。是徒窮思盡心，適足以資世之話靶。不若不畫之為愈。今觀昔之人以一藝彰彰自表於世，皆文人才士，非以人物山川佛像鬼神著，則以樓觀花竹翎毛走獸顯。蓋未有獨任一見，而得萬物之情；兼備諸體，而擅眾作之美。雖張僧繇、吳道子、閻立本諸公，不能之況，萬萬不及，比者自謂能之可乎？古之所謂畫士，皆一時名勝。涵泳經史，見識高明，襟度灑落，望之飄然，知其有蓬萊道山之豐俊。故其發為豪墨，意象蕭爽，使人寶玩不寘。今之畫士，只人役耳！視古之又萬萬不啻也。亦有迫於口體之不充，俯就世俗之所強，問之：「能彼乎？」曰：「能之。」「能此乎？」曰：「能之。」及其吮筆運思，茫昧失措，鮮不刻烏成鵠，畫虎類狗。其視古人神奇精妙，每不逮之。所以若能者未可悉尤之畫工，畫工雖志在阿睹，而亦有不專在乎阿睹也。

陳善《論畫》：

顧愷之善畫，而人以為癡；張長史工書，而人以為顛，予謂此二人之所以精於書畫者也。莊子曰：用志不分，乃凝於神！

上面所摘的，發揮得意無餘蘊，無形中增加在野南宗的力量。使同情於此道者，更有穩固的基礎，更得新穎的境地。在這境地工作最有力而最著名，又最有影響於當代及後世者，得四家，即李成、范寬、董元、巨然。餘如王詵、郭熙、郭思、米芾、米友仁也俱負重名於一時。

李成，字咸熙，營丘人。《宣和畫譜》載：

所畫山水澤藪，平遠險易，縈帶曲折，飛流危棧，斷橋絕澗，水石風雨，晦明煙雲雪霧之狀，一皆吐其胸中，而寫之筆下。……凡稱山水者，必以成為古今第一，至不名而曰「李營丘」焉！

他性情非常曠蕩，能詩善琴，又喜杯中物。酒酣則揮筆如雲煙萬狀。若要求他的畫，一定先備好酒，待他吃醉了就畫。但他自視很高貴的，費樞說他有「惜墨如金」的癖性，真是完美無瑕的畫家。

開寶中，孫四皓者，延四方之士。知成妙手，不可遽得，以書招之。成曰：「吾儒者，粗識去就，性愛山水，弄筆自適耳！豈能奔走豪士之門，與工技同處哉？」遂不應。孫甚銜之。遣人往營丘，以厚利啖當塗者，卒獲數圖。後成舉進士，來集於春官，孫卑辭堅召，成不得已往之。見其數圖，驚憤而去……

——《聖朝名畫評》

也可見他的人品之高了。因太受人歡迎，手跡自然不多，米元章還想作一篇《無李論》，述他的名貴。然在有名的《讀碑窠石圖》，或可一親這罕世的筆墨。至於他畫山水，是有訣的。對不背自然之中，更求自我的含蘊。他說：

> 凡畫山水，先立賓主之位，次定遠近之形。然後穿鑿景物，擺布高低。落筆無令太重，重則濁而不清；不可太輕，輕則燥而不潤。烘染過度則不接，辟綽繁細則失神。……春山明媚，夏木繁陰，秋林搖落蕭疏，冬樹槎牙妥帖。

北宋李成、王曉《讀碑窠石圖》

樹根栽插龍爪，宛若抓拏；石布棱層根腳，還希帶土。之字水，不過三轉；濺瀑水，不過兩重。……春水綠而瀲灩，夏津漲而瀰漫，秋潦盡而澄清，寒泉涸而凝泚。新窠肥滑，岩石須要皴蒼；古樹槎牙，景物兼還秀媚。分清分濁，庶幾輕重相兼；淳重淳輕，病在偏枯損體。千岩萬壑，要低昂聚散而不同；疊巘層巒，但起伏崢嶸而各異。不迷顛倒回還，自然遊戲三昧。

——《畫苑補益》

若把「遊戲三昧」四個字和「應試求官」四個字對照一下，是很有意思的。後郭熙即得他「遊戲三昧」的「三昧」。

范寬，名中正，字仲立，華原人。性溫厚有大度，故時人目為范寬。

——《聖朝名畫評》

北宋范寬《溪山行旅圖》

他是一個靜默而徘徊利用自然的畫家。畫面的神韻，是他「危坐終日，縱目四顧」的結果，不是故意造作出來的。所以李成比起他來，似乎遜下一籌。因為他是對景造意，不是無景造象，也不是對景造形，造意而後，自然寫意，寫意自然不取琢飾。他筆墨的剛古，所謂「院體」及其流亞豈能懸擬？米元章曾評他：「山水槧槧如恆岱，遠山多正而折落。」因為他曾說過：

與其師人，不若師諸造化！

後來他就住在終南山，天天看奇巒妙峰，筆力越是雄壯。有人說他是以荊浩為師，以王維為師，恐怕是忖度的吧！他自己尚說了「師諸造化」的話。

董元，又稱董原、董源，字叔達，鐘陵人。鐘陵，即今之江西南昌。南唐中主的時候，為北苑使——或稱宮苑使——所以都名他為董北苑。

他無所不能，也無所不精。畫山水固以王維為宗，但青綠院體，直與大李將軍相伯仲，並工畫牛虎佛像人物，都能具足精神，脫略凡俗。雖用筆不過草草幾下，但能把對象很完滿地托出。逼近來看，不見十分怎樣，若距離遠一點，那就景物燦然，幽情遠思如睹異境了。所以歷代畫者，都對他發無上之稱譽。如：

南宗中以北苑超凡入聖。其法：用淡墨，濃墨，積墨，破墨，以窮山水雲物風雨晦明之變態。

——《江村消夏錄》

董元平淡天真多。唐無此品，在畢宏上。近世神品，格高無與比也。

——《畫史》

董元畫山水，得山之神氣，足為百代師法。

——《畫鑑》

北苑畫本，尤以風雨露景為佳。此等製作，皆與造化同流，非荊、關、范、巨所能彷彿也。

——《清河書畫舫》

宋畫至董元、巨然，脫盡廉纖刻畫之習。皆以墨色雲氣，有吞吐變滅之勢。

——《容台別集》

北苑畫，煙雲變滅，莫木郁蔥，真駭心洞目之觀！

——《容台別集》

余過太原拙修堂，得觀半幅董元，其筆力扛鼎，奇絕雄貴，超逸前代，非後學能窺其微蘊也。

——《墨井畫跋》

北苑畫正峰能使山氣欲動，青天中風雨變化。氣韻藏於筆墨，筆墨都成氣韻。

——《南田論畫》

董北苑《夏山圖》，乃天地中和之氣，假

五代董源《夏山圖》(局部)

北苑手而發之者。同之力正宗，異之即為外道！

——《習苦齋畫絮》

好評是寫不盡了。「半幅董元」，居然驚倒漁山！然有「同之為正宗，異之即為外道」！也足為北苑生色。我們從各家評語，知道他是千古不二之師。但他用筆簡而能煙雲變滅，這確是一種特異的天才，線條上故有特異的創造。許多畫家，只能在一幅之中，有開合、遠近、凹凸，他竟能在一筆之內，備有開合、遠近、凹凸的條件，這是如何困難的事！而又能一筆一筆之間，互相呼應着，互相揮發着。每一筆，都有力，都有生命，都是萬不可少的一筆！

因此，當時畫界的宗匠，屬於他是毫不為奇。就是後代的畫家，誰不想拾他一草一木以自鳴高？他的地位如何，也可想了。「南宗全盛」，北苑居功最多。

是時南京有和尚，名叫巨然。在開元寺學畫，也學到北苑一些功夫，畫樹畫山，筆路也非常簡略，氣韻也極其神妙。沈括《圖畫歌》有「江南董源僧巨然，淡墨輕嵐為一體」的

五代巨然《萬壑松風圖》

話，簡直和北苑抗衡，同負重譽了。惲南田說：

董、巨行筆如龍，若於尺幅中，雷轟電激。其勢從半空擲筆而下，無跡可尋。但覺神氣森然，不知其所以然也。

現在對李、范、董、巨已有相當的認識了。像這繼往開來的董北苑，其餘風已足夠「院體」的瞻望，已足夠「院體」的慚怯。「南宗」的畫，似乎成了山水的正統。因在這個時代，大家都以為帝王所向的一面，豈有「衰替」降臨的道理？然往下看去，看看元朝的繪畫，「北宗」的繼統者是誰？趙干、趙伯駒、劉松年、李唐、馬遠、夏圭，雖好所云支持「北宗」的殘餘，而馬、夏早和趙、劉、李起了分化，像有意投降「南宗」而不作青綠工整的山水。若看看「南宗」，則黃、王、倪、吳不是支配元代全期而繼承正統的嗎？這四家中，除王蒙曾一度做泰安知州，其餘都是在野的文人！他們朝斯夕斯，把生平的精力，都放在一支筆上，自有很多的闡發。一種「形」簡「意」賅之風，足以代表當時的思想。他如高彥敬、曹知白、陸廣、張雨、方從義，也是在野畫師的高手。

黃公望，字子久，其父九十始得之。曰：「黃公望子久乎！」因而名字焉。號一峰，又號大癡道人，平江常熟人。……山水師董、巨，然晚年變其法自成一家。山頭多礬石，別有一種風度。

——《畫史會要》

子久各種學問，都極有根底，他作畫頗與近代畫「速寫」（Sketch）一樣，身上是不離這套用具的。他「皮袋中置描筆在內，或於好景處，或樹有怪異，便當摹寫記之，分外有發生之意」。所以他的山水，不是毫無倚傍，閉門而造的。並以為這不斷地摹寫，久之自然存乎心而應乎手，是最要緊的一件事。否則便要東拼西湊，一點氣韻也沒有，不過滿紙破碎而已！因他在富春山隱居很久，領略江山釣灘之概，此時畫稿最多。後居常熟，又探閱虞山朝暮之變幻，四時陰霽之氣運。所以他的筆法有兩種，一種是完全用水墨畫的，皴紋極少，筆意境界，高遠非常！一種是作淺絳色的，筆勢雄偉得很。《圖繪寶鑒》曾載他：「所畫千丘萬壑，愈出愈奇；重巒疊嶂，越深越妙。」而倪雲林題他的畫說：

> 本朝畫山林水石，高尚書之氣韻閒逸，趙榮祿之筆墨峻拔，黃子久之逸邁，王叔明之秀潤清新。其品第固自有甲乙之分，然皆予斂衽無間言者，外此則非予所知矣。
>
> ——《清閟閣遺藁》

「逸邁」二字，真是簡而切盡之至。董香光並稱他為元四家之冠，實在他對於畫的研究，在用墨、用色、取景、佈局各方面，都曾發前人未有之論，堪作後學的圭臬的。先說他的用墨，有四個字的秘訣，即是「先淡後濃」。他說：

> 作畫用墨最難，但先用淡墨，積至可觀處，然後用焦墨，濃墨，分出畦徑遠

近。故在生紙上，有許多滋潤處。

他提倡用生紙，不用熟紙。熟紙經過礬水，着筆滯澀。以前雖有人用生紙畫的，但經子久而確定。這不能不服他的創見，以為熟紙受墨而拒，生紙受墨而化，化了就有滋潤，就有生氣，就有精神。所以南宗的畫家，是沒有用熟紙的。再他對於用色說：

畫石之妙，用藤黃水浸入墨筆，自然潤色。不可用多，多則要滯筆。間用螺青入墨亦妙。吳裝容易入眼，使墨士氣。

又說：

夏山欲雨，要帶水筆。山上有石，小塊堆其上，謂之礬頭。用水筆暈開，加淡螺青，又是一般秀潤。畫不過意思而已！

又說：

着色：螺青拂石上，藤黃入墨畫樹，甚色潤好看。

又說：

冬景借地為雪，要薄粉暈山頭。

又說：

石着色要重。

他這種着色法，是淺絳體的不二法門，也是折中青綠和水墨的妙法。青綠重而且濁，水墨有時平淡，加點薄薄的螺青藤黃在墨色內，塗上樹石，更顯得生趣瑩然了。再他對於取景，以為可分三種：

從下相連不斷，謂之平遠。從近隔開相對，謂之闊遠。從山外遠景，謂之高遠。

又說：

山坡中可以置屋舍，水中可置小艇，從此有生氣。山腰用雲氣，見得山勢高不可測。

「三遠」的論定，真是千古不刊的名言。但也還要活用，不可死守。他對於佈置是主張要「熟」，不熟是不會好的。他說：

山水之法，在乎隨機應變。先記皴法不雜，布置遠近相映，大概與寫字一般，以「熟」為妙。

總之，他的畫是很合理又很有意的畫。他的主旨便在提倡在野文人求其精神的世界，做生命的安慰。董其昌說：

寄樂於畫，自黃子久始開此門庭耳！

他自己也說過「畫不過意思而已」的話，並且說：

畫一窠一石，當逸筆撇脫，有士人家風，才多便入畫工之流矣！

既當逸筆撇脫，回想雲林評他的話更對了。

王蒙，字叔明，吳興人。平素很歡喜作畫，山水人物都好。山水是以王維、董元、巨然為師。雖是趙子昂的外甥，卻不以舅氏為然。並且：

> 生平不用絹素，惟於紙上寫之。其得意之筆，常用數家皴法。山水多至數十重，樹木不下數十種，徑路迂迴，煙靄微茫，曲盡山林幽致！
>
> ——《續弘筒錄》

元王蒙《春山讀書圖》

可見叔明的畫，集合眾長而縱逸多姿，又往往出於諸家之外。他做文章也是如此，也是不尚規矩的，一刻間幾千字也得隨便寫出來，不消說他是天才了。因為他又不求當時的名譽，完全是借筆墨以寫天機，是以「寄興」為目的。和那班唯利的畫家，大大不同了！

倪瓚，字元鎮，無錫人。他是個奇怪的「畫怪」。別號就有五個：① 荊蠻民；② 淨名居士；③ 朱陽館主；④ 蕭閒仙卿；⑤ 雲林子。

署名有四個並變姓奚：① 東海瓚；② 懶瓚；③ 奚玄朗；④ 奚玄映。

就中以雲林子用得多，後人就稱他為倪雲林。又因為他素有「潔」癖，故叫作倪迂。單就這些名字，就夠形容他的個性了。很有錢，而能輕財重義，並無紈絝惡習。收藏書畫極富，特造一所房屋安藏它，名曰清閟閣。這閣內，泛泛者不許進去的。有氣節，越是有高位負重望的，他越不接近。《雲林遺事》載得有：張士誠的老弟士信，聽說他的畫實在好，使人持了絹，又侑以許多錢來求他的畫，在普通的畫家，恨不得倒屣相迎！在他不但不畫，還把絹撕碎，大罵道：「我生平不做王門的畫師的！」後來求的人愈傳愈多，他不勝其煩了，忽將所有的東西，一概拋棄，獨自駕一小舟，和那漁夫野叟去度那浪漫生活，所以他的畫愈加名貴。

他的山水，以天性及嗜好的關係，雖然以北苑做基礎，但不加人物。這是特異的地方。總是畫些林木竹石，行筆簡逸，而天趣瑩然！董其昌稱他為「逸」品，和神妙能不同，是有道理的。他極少着色，以為決不及水暈墨章的稱心。縱然有時興會很佳，加上

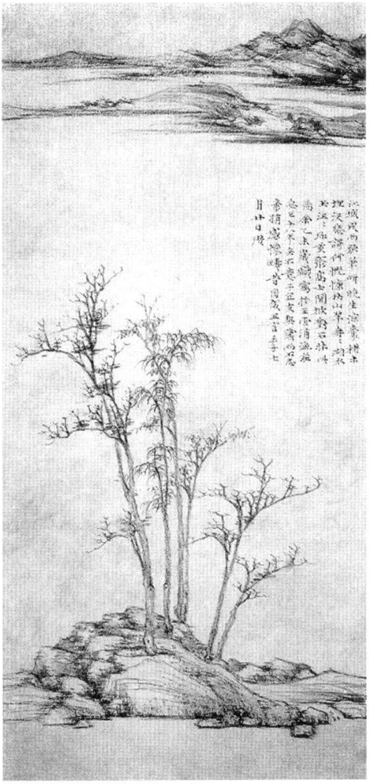

元倪瓚《漁莊秋霽圖》

一層顏色，也是不十分按着規矩，但是又不背古法。這根本因為他是不重形似，他要打倒「形」的尊尚。譬如他畫竹子，實不像竹子，像甚麼他是不管的。他只管興到就畫，畫了就是。

他的影響，在明朝和清朝是很大的。就在四家之中，也另具一個真面目。在淺薄的人學起他來，不過胡亂塗掃，心中手下，都無半點「逸」氣，還妄以倪雲林自榜！雲林真是料想不到呵！

吳鎮，字仲圭，號梅花道人，嘉興人。《滄螺集》載他：

> 工詞翰，尤善畫山水竹木，臻極妙品！不下許道寧、文與可，與可以竹掩其畫，仲圭以畫掩其竹。為人抗簡孤潔，其畫雖勢力不能奪，惟以佳紙筆投之，欣然就凡，隨所欲為，乃可得也。

其畫「雖勢力不能奪」，這與雲林相像。所謂佳紙筆之投，也是聊助揮灑，當然不是功利之見。他家裡很窮，情願忍耐。不肯把「性靈」「精神」來換物質。比較那借筆墨作干祿之具的人，真有天淵之隔！

他有個鄰居，名叫盛懋。能畫山水人物花鳥，非常工巧。買畫的人，穿門納戶，生意

元吳鎮《雙松圖》

興隆極了。他的妻子看了，未免怨他，怨他的畫，為何不值錢，沒有人要。他說：「二十年後的仲圭，決不是這般光景。」果然不到二十年，畫名就超過盛懋了。但還不肯賣錢。

他「二十年後」的話，很可做冀圖速成的當頭棒喝，須知這不是一蹴可及的事。更不是換得錢到手的，就是好畫。不過是：

詞翰之餘，適一時之興趣。

——《論畫》

這和環境的需要好尚，是相抵忤的東西。不能因救貧而速達，也不能因速達而拋卻「興趣」。故他又說：

觀陳簡齋墨梅詩云：「意足不求顏色似，前身相馬九方皋。」此真知畫者也！

——《鐵網珊瑚》

畫院的再興和畫派的分向

宋代的畫院，雖經帝王盡力地提倡，盡力地以官階號召一班利慾熏心的畫工，使他們為做官而拍賣人格性靈，而來承受帝王的一顧一盼。這種摧殘個性的集團，它的生命，固未可說短促，但絕對抗不了董、巨、李、范的漫漫之風。所以宋代一亡，就也把親手造成的院體帶去，只有五人撐持門面，是已經敘過了的。

馬遠、夏圭	水墨蒼勁一派
劉松年、李唐、趙伯駒	青綠工整一派

這五人所形成的院體，已成強弩之末了。況還本是大小李的正統！馬遠、夏圭別以水墨蒼勁一派，和劉、李、趙顯然不同。經過元代，院體中竭，成就南宗的全盛期。到了明朝，這死灰又形復活，並且較宋代更是優異，更是普通。

朱氏建國的初年，即設了翰林圖畫院，可想它復燃的快了。

在畫院未正式成立之先，已在武英殿文淵閣設置待詔，又在仁智殿設置畫工。一時

南宋馬遠《踏歌圖》

「猗歟盛哉」！均分別授以錦衣指揮、錦衣鎮撫、錦衣衛千戶、錦衣衛百戶……的官職。遇有得旨歡意的人，還給一個「圖畫狀元」的印章，以褒揚獎勵。這般推崇優禮，無怪濟濟多士。然而一不愜意，就拿下問罪，或格殺勿論的，這在太祖的時候是事實。

我們想來，這究竟是怎樣一回事呢？

畫院內的畫工，愈弄愈多。最著名的莫過周位，因成祖時，繪飾太廟有功。自後如蔣子成、郭純、上官伯達、范暹、邊文進，都應旨而來，和謝環、倪端、商喜、李在、周文靖、顧應文、戴進、吳偉、林良、林郊、呂紀、王諤、朱瑞、曾和……一班人，蔚為畫界的大觀。表面上看，似乎足與宋代的畫院相伯仲，但風味卻有不同。宋畫院取材太重主觀，如花鳥必黃派之例。明則稍有出入，只要畫的好，都有被召的希望。因此：明畫院表現也不一致。若就山水而言，學馬、夏的最多，姑舉幾個：

戴進　學李唐、馬遠

倪端　學馬遠

李在　學馬遠、夏圭

明戴進《春山積翠圖》

周文靖　學夏圭、吳鎮

商喜　接近馬遠、夏圭

林時瞻　學馬遠、夏圭

張乾　學馬遠、夏圭

王諤　學馬遠、夏圭
曾和　學馬遠、夏圭
朱瑞　學馬遠、夏圭

原來馬遠、夏圭，在宋畫院已經拿水墨蒼勁的格調，來代青綠工整，趨向南宗的色彩極重。到了明朝，都認為水墨蒼勁一派，可以消弭寫意和青綠的競爭，於是畫院中也不少此類作者。這不能不歸功於畫有眾長的戴進了。所以謝環、石銳、倪端……都用全力攻擊他。結果說戴進畫的一幅《秋江獨釣圖》有侮辱帝王之處，把他攆出畫院以外，後來他就窮死了。

後於戴進而最得名望的就是吳偉。山水人物都蒼老入神，授了錦衣衛鎮撫之職，待詔仁智殿。這是憲宗給他的優禮，孝宗更是尊寵不過，除授以錦衣衛百戶外，並賜一印，文曰「畫狀元」三字。他的幸遇，可謂登峰造極了！他字次翁，號小仙，江夏人。故與戴進有「江夏派」之稱。雖影響於後世不大，但以地為派，是從此始有的。清初的藍田叔紹其墜緒。

至於畫花鳥的人，有武英殿待詔邊文進者，博學能詩，供奉內殿，善畫翎毛花果，能將「花之嬌笑，鳥之飛鳴，葉之正反，色之蘊藉」，活現出來，是黃筌派的後起之秀。弘治年中，又有鄞縣人呂紀，也攻學翎毛，和邊文進同宗黃體，官至錦衣衛指揮。呂氏除工藝而外，還時時立意規諫，極得孝宗的稱許。他的畫以「生意流動」勝，所以工緻妍麗，

明吳偉《漁樂圖》

得未曾有。因為環境太佳，很能聳動花鳥畫苑，故學邊、呂的人頗多。

恰有錦衣衛指揮林良，廣東人。以草書的筆法畫水墨禽鳥樹木，獨傳徐熙的野逸。他的兒子林郊更紹父風，工花卉翎毛，嘗考試第一，授錦衣衛鎮撫，直武英殿。所以范暹、徐渭、孫克弘、王問、沈啟南、陳淳、周之冕……都和林氏父子一樣，作寫意花鳥的運動。就是一般在野的花鳥畫家也極傾倒。周之冕更創「鈎花點葉派」號召一時。

無論怎樣，畫院的情形既如此分化，意志自是不同。各派圖自己的存在與發展，未免不角逐得好看！結果到了嘉靖之秋，那聲威煊赫的畫院，竟至寂然無聞。這與畫界的利害很小，不過帝王的事業，又告一段落而已。它這突至「寂然無聞」的原因，根本可以說：權位物質的力量，只能維持到這種地步。就近的說，有：

1. 畫院眾工自相排斥；
2. 在野的人，多尚南派，詆院體若野狐禪；
3. 四境多事，帝王的壽命發生動搖，何暇及此？

三個最大的致命傷。從此我們明了畫院的再興，是畫院的回光返照！算不了鄭重的一個階段。然戴進、吳偉、林良、林郊之流，究非沒有性靈的作家，在「北」氣沖天之下，山水花鳥還賴他們有所抗手。像戴進之於山水，尚能以浙派支持殘緒，總算難能。又加以張路、蔣嵩更在水墨中努力求雄壯，從馬、夏化出，而棄其體制。於是院體愈見式微，浙派因之大盛！甚有譽為正宗之事。但也如曇花一現，無補纖弱。只好讓沈周、文徵明、唐寅、董其昌四大家，承再興而後的再興，如眾星之於北斗！

沈周，字啟南，世號石田先生，長洲人。少時作畫，已脫去家習，足為明季第一。山水、人物、花卉，都能神而化之。因他上師古人，高致卓絕。並且和藹異常，無論甚麼人請他，他是沒有不答應的。所以他的筆墨，全國皆是。有許多想牟利而造他的畫的人，還請他寫款。這在別人正要深究，而他樂然應之，毫無難色！可見當時的聲望了。因為他的畫：

自唐宋名流，及勝國諸賢，上下千載，縱橫百輩，先生兼總條貫，莫不攬其精微。每營一障，則長林巨壑，小市寒墟，高明委曲，風趣怡然。使夫覽者，若

明沈周《溪山秋色圖》

雲霧生於屋中，山川集於几上。下視眾作，真培塿耳！一時名士，如唐寅、文璧之流，咸出龍門，往往致於風雲之表。信乎國朝畫苑，不知誰當並驅也！

——《丹青志》

的確！他的畫值得這般稱讚。因他非常鄭重，不隨便塗作，四十歲以前，都是畫些小幅，不過一尺上下。四十歲以後，才拓筆畫大的。雖是粗枝大葉，草草而成，卻經幾十年的功候，始敢如此。和其他亂鋪草木的畫面，真有上下床之分呢！他中年學子久，晚年醉心梅道人，酣肆融洽，差不多可以亂真。足徵爐火純青，絕非幸致的了！顧凝遠把他置在「士大夫名家宗匠」第一，是不錯的。但他對於梅老還說：

吳仲圭得巨然筆意，墨法又能軼出畦徑，爛漫慘淡，當時可謂自然名家者。蓋心得之妙，非易可學，予雖受而恨不能追其萬一！

——《書畫題跋記》

這是對於仲圭的尊崇。實在他模仿任何人皆有相當似處。若是得意之筆，恐怕原人也未必有甚麼過他的地方。他晚號白石翁。吳麟、李著、王綸、陸文、孫艾，都是他的弟子。就是唐寅、文璧亦曾執弟子禮。

唐寅，字子畏，號六如，吳人。戊午解元。他以天才的文學家而兼畫家。山水人物，無不盡情盡相，妙到毫巔。祝枝山雖說他下筆輒追唐宋名匠，然沒有板細纖弱的毛病，自不可與院體相提並論。他的人物舟車樓觀，都秀潤縝密，而有韻度。《丹青志》云：

唐寅畫法沉鬱，風骨奇削，刊落庸鎖，務求濃厚，連江疊巘，灑灑不窮。

因為才高，自宋之李成、范寬、馬遠、夏圭，元之趙孟頫、王叔明、黃子久諸名手，都經過一番磨煉的。所以：

信士流之雅作，繪事之妙詣也。評者謂其畫遠攻李唐，足任偏師；近交沈周，可當半席。

——《丹青志》

明唐寅《看泉聽風圖》

這也就形容盡致了。他既遍習各家，均能抉其隱微，悟其妙好，以他的天才，還有甚麼難的事情不成？他曾說「工畫如楷書，寫意如草聖」的話，不過「執筆須轉腕靈妙耳」！

他又說明用墨的訣竅：

> 作畫，破墨不宜用井水，性冷凝故也。溫湯或河水皆可洗研磨墨，以筆壓開，

飽浸水訖，然後蘸墨，則吸上勻暢。若先蘸筆，而後蘸水，被水沖散，不能運動也。

——《珊瑚網》

這是我們應當謹記勿失的至理名言，經他道破，不知救起多少誤於用墨的學者。他總之是以南宗做基礎而旁通北宗的，所以用墨，不重佈置，而重氣韻。許多人說他是青綠工整和周臣同為院體的高手，這可錯了。他的遺跡很多，間有一二青綠，也與院體的刻畫不同。最多的都是任情揮灑的作品。再就他的性格行為而論，如何肯費幾日的工夫，去塗青敷綠呢？不信請看下面的話罷。他終是天才俊越的一位大家。

唐子畏畫師周臣，而雅俗迥別。或問：「臣畫何以俗？」曰：「只少唐生數千卷書！」

——《黃奐言提要》

後來蕭琛傳他的畫。

文璧，字徵明，又字徵仲，長洲人，號衡山居士。曾授翰林院待詔，雖近師白石翁，而兼有郭熙、黃子久、倪雲林、趙松雪之長。喜歡探討古名作的意境，富益胸襟。不肯一步一趨，規規模仿。故師心自詣、神會意解、大幅小幅，都莫非奇跡了！後來聲譽煊赫，求者太多。但有錢有勢的人請他，是一定被拒絕的。相傳一商人以十兩銀子請他畫一張，

明文徵明《雪山跨蹇圖》

他當面就寫：「僕非畫工，汝何以此污我？」若是貧窮的朋友，是常常易於到手的，並有待他的畫賣錢買米的。

他滿門畫家，文彭、文嘉是兒子，文伯仁是從子，在畫界都有美譽。至於學他的人，入室的有陳淳、錢穀、居節、朱朗……

董其昌，字玄宰，華亭人。官至禮部尚書，謚文敏。他作畫與文璧不同。喜歡臨摹真本，有時竟至廢寢忘餐的了。但他山水樹石，煙雲流潤，神氣具足，而出以儒雅之筆。所以風流蘊藉，洵為明代冠軍。

明董其昌《松溪幽勝圖》

自「院體」「浙派」相繼頹敗以後，畫壇頓呈衰滅之象。到了萬曆年間，是更荒蕪得不成樣兒。端賴他振臂一呼，把萎靡的翻成燦爛！厥功不可說不偉大的了。

他是畫壇的中興健將，畫壇的唯一宗匠，他有卓絕的學識和沖淡的境界，只要把他著的《畫旨》《畫評》細看一遍，就可見一斑了。他主張以禪理入畫。如：

畫之道，所謂宇宙在乎手者，眼前無非生機，故其人往往多壽。至如刻畫細謹，為造物役者，乃能損壽，蓋無事生機也。

——《畫禪室隨筆》

又如：

士人作畫，當以草隸奇字之法為之。樹如屈鐵，山似畫沙，絕去甜俗蹊徑，乃為士氣。不爾，縱儼然及格，已落畫師魔界，不復可救藥矣。若能「解脫」，繩束中便是透網鱗也！

——《畫禪室隨筆》

所以邢侗、李日華、王思任、李流芳、張維、陳繼儒、吳振、徐弘澤、黃道周、倪元璐……未始不是他叫出來的。

沈、唐、文、董，已知其約略了。根據「人巧不及天工」的原則，代表士大夫的南宗畫，是常佔着優勝的地位。無論山水花鳥，俱是一樣。在這時候，「浙派」已漸覺聲音嘶歇，於是沈、唐、文、董以「吳派」相鳴。顧凝遠說：「成弘、嘉靖間，復鍾於吾群。」可見就「地」不同了。此時：

屬於南宗的，有：

1. 華亭派——顧正望；
2. 蘇松派——趙左；
3. 雲間派——沈士充。

明仇英人物立軸

屬於北宗的，有：

院體派——周臣、仇英。

提起仇英，他本與文、沈、唐有四大家之目。有明白之必要。

仇英，字實父，號十洲，太倉人。善臨摹，粉圖黃紙，落筆亂真，具一種人所不能的功夫。就是發銀毫金，絲丹縷素，他能畫的精麗豔逸。這種功夫，董其昌說是文、沈都不及。工人物，鋪陳非常得法，態度無限幽閒。曾畫《武帝上林圖》，人物鳥獸、山林旗輿，都是沒有樣本，憑着記憶佈置的。《藝苑卮言》稱為繪事之絕境，藝林之勝事。又有《漢宮春》者，現存英國博物院中。畫春宮，他最是拿手，近代更視為無價之品。而當時則屈於文、沈，名望不大。現在是無人不知，真是中外馳名。故英人 Busell 說：

中國人於明代畫工最推崇仇英。

有清二百七十年

清以八旗鼎定中原以後，曉得了漢族人並不是滿族人，一味用武力壓下去是不行的，只有「古文」才能替代。在順、康、乾幾朝，拚命地興科舉，開博學鴻詞科，拉攏一班知識階級。雖還是有許多人避而不就，結果這樣有氣節的漸漸少了。滿人更是有味，於是編修《四庫全書》，分置國內。而各種繁異典籍，也從事刊行。所以清代的文化，真是如日中秋，無所不妙！「漢學」「宋學」都有極大的創獲。這關於文化，清代自是不弱。

藝術如何呢？繪畫又如何呢？

清代的藝術，如建築、塑造、音樂，並沒有甚麼驚人的成績。獨篆刻一端，突過以往的各時代。對於書畫，聖祖敕修《佩文齋書畫譜》，在康熙四十七年出版，自有史至朱明的書畫記錄，都很精當地選入。這部書，有益於中國藝術甚巨。後來乾隆收藏古物也極豐富，畫家也不少；派別也多，表面看去，盛極一時了！

若吾人把關於清代的繪畫著作，隨便看幾本，一定可以知道清代的畫壇，其空氣比任何朝代為奇特，為難得。為甚麼帝王的功勞技藝，沒看到有多少人頌揚？道、咸以前，四海不是宴安無事嗎？又為甚麼沒有特殊的提倡和獎勵？我們並不希望像宋、明的樣子，用主觀的法度，去範圍天下的畫家。是說這時候，是需要有力的人，了解繪畫的獨立，而去助長它獨立的猛烈進展。

這是過去的缺憾，不原諒又待如何？我們在「各走各的」環境內，仍然可以歸之一點，這一點，未嘗不是失望中之幸運。就是：

有清二百七十年的繪畫，其勢力均統屬於南宗。

至於這一點之下，是些甚麼東西？先把在名義上形成了集團的，寫了出來。

畫中九友（董、李、楊、程、卞，均已物故）：

董其昌

李流芳——字長蘅，嘉定人。

楊文聰——字龍友，貴州人。

程嘉燧——字孟陽，僑居嘉定。

卞文瑜——字潤甫，號浮白，蘇州人。

王時敏　王鑒

張學曾——字爾唯，號約庵，山陰人。畫宗北苑。

邵　彌——字僧彌，以字行，號瓜疇，長洲人。畫宗宋、元。

江左三王：

王時敏　王鑒　王翬

清初四王：

王時敏　王鑒　王翬　王原祁

清代六大名家：

王時敏　王鑒　王翬　王原祁　惲格　吳歷

五大家：

王　翬　王原祁　惲　格　吳　歷

黃　鼎——字尊古，號獨往客，常熟人。山水學原祁，臨摹咄咄逼真。

江左二家：

孫　逸——字無逸，號疏林，桐城人。晚年為僧，名宏智，純用禿皴，不求形似。

蕭雲從——字尺木，號無悶道人，蕪湖人。山水宗元人。

海陽四大家：

孫　逸

查士標——字二瞻，號梅壑散人，海陽人。山水初學倪迂，後重梅道人、董文敏筆法，用筆不多，惜墨如金。

汪之瑞——字無瑞，休寧人。山水渴筆焦墨，多麻皮荷葉皴。

弘　仁——字漸江，休寧人。山水師倪雲林。

鼎足名家：

程正揆——字端伯，號鞠陵，又號青谿道人，孝感人。山水宗董其昌。

方亨咸——字吉儒，號邵村，桐城人。山水學米，力追古法。

顧大紳——原名鏞，字霞雉，號見山，華亭人。山水宗巨然。

四大名僧：

弘　仁

朱　耷——字雪個，號八大山人，江西人。山水花鳥，時有逸氣。

石　溪——原名髡殘，又號白秃，又自稱殘道者，武陵人。山水學元人。

道　濟——字石濤，號清湘老人，一云清湘疏人，一云清湘道人，又號大滌子，又自號苦瓜和尚，又號瞎尊者，前明楚藩後也。山水蘭竹，恣意縱態，脱盡窠臼。

金陵八家：

龔　賢——字半千，號柴丈，崑山人。山水得北苑法。

樊圻——字倉公，善山水。
高岑——字蔚生，杭州人。工山水及水墨花卉。
鄒喆——字方魯，吳人。山水工穩有古趣。
吳宏——字遠度，江西金溪人。山水宗宋、元。
葉欣——字榮木，華亭人。山水學趙令穰，復參以姚允在。
胡慥——字石公，善山水人物。
謝蓀——善畫。

畫中十哲：

高翔——字鳳岡，號西唐，甘泉人。山水取法漸江而參以石濤。
李世倬——字漢章，號谷齋，三韓人。山水學王石谷。
董邦達——字孚存，號東山，富陽人。山水取法元人，善用枯筆，勾勒皴擦多逸致。與北苑、思翁，號稱「三董」。
黃慎——字恭懋，號癭瓢，閩人。畫兼倪、黃，出入仲圭之間。精人物，負重名。

李師中　王延格　陳嘉樂　張英士

高鳳翰——字西園，號南村，晚年自號南阜老人。山水不拘於法，以氣勝。

張鵬翀——字天飛，號南華，嘉定人。山水師元四家，尤長倪、黃法。

揚州十怪：

高　翔　黃　慎　張鵬翀

金　農——字壽門，仁和人。於畫涉筆即古，脱盡畫家之習。又工詩文，不同流俗。

羅　聘——字兩峰，號花之僧，揚州人。金農高足。人物雜花尤善，墨梅山水亦神逸極致。

李方膺——字虬仲，號晴江，南通人。松竹梅蘭，不守矩矱，意在青藤竹憨之間。

李　鱓——號復堂，又號懊道人，興化人。工花鳥，兼仿林以善，蔣廷錫弟子。

汪士慎——字近人，號巢林，休寧人。山水乾皴，疏古得趣。

蔡　嘉——字松原，號朱方老民，丹陽人。花卉山水，與奚鐵生齊名。

朱　冕——字老匏，揚州人。

五君子：

高　翔　高鳳翰　汪士慎　蔡　嘉　朱　冕

浙西三妙：

黃　易——字大易，號秋盦，又號小松。山水摹造像碑版，為金石五家之一，蓋精篆刻也。

奚　岡——字純章，號鐵生，一號蒙泉外史。工山水。

吳　履——字竹虛，號瓦山野老，秀水人。工山水、花卉、篆刻。

後四王：

王鳴韶——原名廷諤，字夔律，號鶴溪，嘉定人。山水參王吳。

王三錫——字邦懷，號竹嶺，太倉人。作色山水，清湛出眾。

王廷周——字愷如，號鵝池，常熟人。山水得石谷家傳。

王廷元——字贊元，石谷後人。山水稍變祖法，然清麗可愛。

小四王：

王　宸——字紫凝，號蓬心，原祁孫。

王　昱——字曰卯，號東莊，原祁族弟。畫出其門。

王　愫——字素石，號林屋，時敏孫。山水秉家法。

王　玖——字次峰，號二癡，石谷孫。山水學於黃鼎。

滬上三熊：

張　熊——字子祥，號鴛湖外史，秀水人。工山水、花卉。

朱　熊——字夢泉，號吉甫，秀水人。工花卉。

任　熊——字渭長，山陰人。工人物花鳥，筆法奇拙，難能可貴。

除此以外，筆墨精妙，甚著時譽的，尚有：

陳洪綬——字章侯，號老蓮，諸暨人。工人物。

周　容——字鄮山，鄞縣人。善畫疏木枯石，自率胸臆，蕭然脱俗。

程　邃——字穆倩，歙人。自號江東布衣，又號垢道人。博學工詩文，善山水，純用枯筆，學巨然法，別具神味。

藍　瑛——字田叔，號蝶叟，錢塘人。山水法宋、元諸家，晚乃自成一體。

吳偉業——字駿公，號梅村，太倉人。山水得董、黃法，清疏韶秀，風神自足。

王　武——字勤中，吳人。畫花草多逸筆，點綴流麗多風。

顧　昉——字若周，華亭人。山水師董、巨及元四家。

羅　牧——字飯牛，寧都人，僑居南昌。工山水，筆意在董、黃之間。

王　概——字安節，秀水人。山水學龔賢，善作大幅。

薛　宣——字辰令，嘉善人。山水學廉州，用筆厚重有氣。

沈宗敬——字恪廷，華亭人。山水師倪、黃、董、巨。

蔣廷錫——字揚孫，號西谷，又號南沙，常熟人。以逸筆寫生，出之自然。

高其佩——字韋之，號且園，遼陽人。善指頭畫。

沈　鳳——字凡民，江陰人。山水多乾筆。

上官周——字竹莊，福建人。善山水。

邊壽民——字頤公，淮安人。善潑墨寫蘆雁。

唐　岱——字毓東，滿人。山水用筆沉厚，佈置精當。

袁　江——字文濤，江都人。善山水。

方士庶——字循遠，號小獅道人，新安人。山水學於黃尊古。

華　嵒——字秋岳，號新羅山人，閩人，居杭州。善人物山水花鳥，皆能脫去時習。

錢維城——號稼軒，武進人。山水出筆老幹，秀骨天成。

張宗蒼——字默存，號篁村，吳人。山水學於黃尊古。

鄭　燮——號板橋，興化人。善書畫，長於蘭竹，焦墨揮毫，以草書之中豎長撇法運之。

沈　銓——號南蘋。山水宗石田，花卉法南田。

張　庚——字浦三，號瓜田。山水略形似。

潘恭壽——字慎夫，號蓮巢，丹徒人。山水學於蓬心，又饒詩意。

王學浩——字孟養，號椒畦，崑山人。山水為吳淞作手。

萬上遴——字輞岡，江西分宜人。畫宗倪迂，又精指畫。
方　薰——字蘭士，號蘭生，石門人。山水與奚鐵生齊名。
翟大紳——字子垢，號雲屏，嘉定人。山水自成一家。
改　琦——字伯蘊，一字白香，號七薌。善花卉，又工仕女。
湯貽汾——字若儀，號雨生，武進人。工山水蔬果。
費丹旭——字子苕，號曉樓，烏程人。工仕女，推七薌後繼。
戴　熙——字醇士，號榆庵，一號鹿床，錢塘人。山水宗耕煙散人。
吳熙載——原名廷颺，字讓之，號晚學居士，儀徵人。工花卉。
趙之謙——字撝叔，號益甫，會稽人。工花卉蔬果，意近李復堂。
吳嘉猷——字友如，元和人。工人物點景，一時稱盛。
吳　滔——字伯滔，號鐵夫，石門人。工山水。
吳石仙——名慶雲，字石仙，以字行，上元人。工山水，尤精雨景。
吳昌碩——字俊卿，號缶廬。工花果。

上面百家之中，以王時敏、王鑒、王翬、王原祁、惲格、吳歷影響最大，不能不有詳細的敘述。因為簡單說來，他們足以光耀清的全時期。

王時敏，字遜之，號煙客，又號西廬老人，江蘇太倉人。山水學黃子久，能得其神化。在畫面的設計上，用筆以及用墨，都很有功候，乾濕互施，勁健天成！並且一草一木，沉着不苟，俯仰多姿，一時無兩，恐大癡再世，亦當首肯。所以他的門人極多，一則他歡喜獎掖後進；一則他筆精墨妙，萬流揆仰。道光時的戴熙，是最崇拜他而酷肖他的一個。

王鑒，字圓照，號湘碧，又號染香庵主，和時敏同鄉齊名。他豪富肯收藏，名跡極多，臨摹益萃。所以他的畫，筆筆有來歷，筆筆有精彩，大抵以董北苑、巨然為宗，論者並說他深入堂奧了。因為胸中丘壑，原自不凡，無論水墨的或是着色的，都在謹嚴之中，呈極量之變化。那書卷之味，更是油然而生了。可謂在清代畫壇上，有起衰之功，不獨吳梅村稱他做一個「畫聖」而已。

王翬，字石谷，號耕煙散人，又號烏目散人，又號清暉老人，常熟人。畫山水兼南北宗，以清麗為主。《桐陰論畫》說：

天分人工，俱臻絕頂。南北兩宗，自古相為枘鑿，極不相入，一一融諸毫端，獨開門戶。

清王鑒《溪色棹聲圖》

若以他在近日的聲價而言，這話並不為過。但他的畫，遺流很多，不能不使人懷疑。懷疑秦祖永太偏嚳了。因為南宗北宗，在歷史上，環境上，以及筆墨佈置，絕不像水之與乳可以交融。唐寅總算是天才罷，盡力這種工作，曾費了許多精神，還覺得不十分自然，克量也不過能在勾勒之間，使勁地裝飾像南宗的揮灑而已。然限制很深，常常要受輪廓的干涉，或是色彩的干涉，全部總是雕刻板細。石谷常拿墨色來換了青綠，我們除領略他的破破碎碎而外，實在說不上像哪一宗，所謂「獨開門戶」，遠不及臨摹古作之為是。繪畫是整個的東西，隨便割裂補綴，豈能成器！張庚說得不錯了，他批評王原祁這樣說：

能不囿於習，而追蹤古跡；參習前賢，為後世法者，麓台其庶幾乎？石谷非不能及其能事，終不免作者習氣。

——《浦山論畫》

這多麼大膽，多麼有識，敢肯定地說石谷「終不免作家習氣」！他固為形容麓台而設，我認為是石谷的定論。

王原祁，字茂京，號麓台，時敏的孫子。字寫得好極了，畫學王圓照，遠紹大癡。山石瘦硬有高緻，境地清曠，筆墨遒拔。當他很幼小的時候，偶然畫一張山水玩玩，時敏一見，就說：「此子必出吾右！」於是把畫理解給他聽，又拿些真跡給他模仿，家學淵源，果然名重於鼎，一鳴驚人！把赫赫的石谷，幾乎壓了下去！因為他雄壯莊凝的佈局，和

清王原祁《溪山林屋圖》

樸重無華的筆觸，石谷是辦不到的。當時王鑒也看見他的畫，以為山水一道，非讓他坐了首席不可。有個有名的門弟子，叫作黃鼎。

惲格，字壽平，更字正叔，號南田，一號白雲外史，工詩文，又工書法，以褚米為歸，自成一體，和他的畫有三絕的稱譽。山水小品居多，書卷氣極厚。花卉崇徐熙而獨創一格。清逸神化，執清朝花卉界之牛耳。可見他的畫，真是「天仙化人，不食人間煙火」的呀！

吳歷，字漁山，號墨井道人，常

清惲格《牡丹》

熟人。山水出入宋、元諸家。晚奉天主教，曾赴歐洲，以西法證中國繪墨。所以能在筆墨以外，別求格調。着色更是擅場，青而兼綠，綠而有青，和一味徒挹畫形的石谷不同。水墨皴擦，都有大氣磅礴、煙雲縹緲的韻味。故在六家之中，堪與煙客、湘碧抗手，石谷遠不逮也。

現在統觀六家，壽平山水為花卉所掩，但一草一木，也彌有神味。此外石谷的名最大，實則畫最遜，水墨遠不及煙客，青綠

清吳歷《仿宋人山水》

遠不及漁山，而偽聲譽日隆！這也就難得其解了。又六家有個通病，他們的印章，委是不佳，這與畫的本身固然不發生多大關係，然既以高名相標，認為是一種韻事，那印章也就有相當的重要。南田尚能以秀逸的字，和清新的詩輔助畫面，石谷則兩者俱虧。現在他們的畫，多如恆河之沙，贋物常十居八九。這原因：印章太壞，容易仿作，是最大的一個。

至於六家以後，各有忠實的信徒，沿流較遠，門戶遂成！計五人，成三派。獨漁山不在內，大約是宗教的關係罷！

婁東派——王時敏　王　鑒　王原祁

虞山派——王　翬

常州派——惲　格

三派裡面，要推「婁東派」最盛，「虞山派」次之，「常州派」獨掌花卉全權，差不多家家奉作圭臬的。但號召稍弱的，除「浙派」的藍瑛已成尾聲而外，尚有：

袁　派——袁　江

新安派——弘　仁

金陵派——龔　賢。張庚曰：「金陵之派有二：一類浙派，一類松江。」

江西派——羅　牧

姑熟派——蕭雲從

翟　派——翟大紳

雲間派——陸　鴻

金陵派（人物）——上官周

總之清代的繪畫，愈趨愈簡，視形似如敝屣，都是發揮自己的胸臆，雖枯筆破墨，亦所欣為。所以片紙寸楮，也就夠人傾倒了！但在著述上的成績，雖是殘缺片段，然量的方面，是各朝代所不及的。姑就常見的列在下面：

《佩文齋書畫譜》（清康熙敕撰）

《畫筌》（笪重光）

《式古堂書畫彙考》（卞永譽）

《讀畫錄》（周亮工）

《賴古堂書畫跋》（周亮工）
《梁香廬畫跋》（王鑒）
《清暉畫跋》（王翬）
《墨井畫跋》（吳歷）
《甌香館畫跋》（惲格）
《芥子園畫傳》（王概）
《學畫淺説》（王概）
《雨窗漫筆》（王原祁）
《麓台題畫稿》（王原祁）
《東莊論畫》（王昱）
《繪事發微》（唐岱）
《石村畫訣》（孔衍栻）
《浦山論畫》（張庚）

《圖畫精意識》（張庚）
《國朝畫徵錄及續錄》（張庚）
《小山畫譜》（鄒一掛）
《讀畫紀聞》（蔣驥）
《學畫雜論》（蔣和）
《天庸庵筆記》（方士庶）
《芥舟學畫編》（沈宗騫）
《玉几山房畫外錄》（陳撰）
《墨緣彙觀》（安岐）
《指頭墨訣》（高秉）
《費氏山水畫式》（費漢源）
《山靜居論畫》（方薰）
《樹木山石畫法冊》（奚岡）

《冬花庵題畫絕句》（奚岡）
《山南論畫》（王學浩）
《松壺畫憶》（錢杜）
《三萬六千頃湖中畫船錄》（迮朗）
《溪山外遊錄》（盛大士）
《小松園閣書畫跋》（程廷鷺）
《箬庵畫塵》（程廷鷺）
《墨林今話》（蔣寶齡）
《畫筌析覽》（湯貽汾）
《習苦齋畫絮》（戴熙）
《賜硯齋題畫偶錄》（戴熙）
《南宗抉秘》（華琳）
《畫學心印》（秦祖永）

《桐陰論畫》（秦祖永）
《畫訣》（龔賢）
《畫語錄》（釋道濟）
《大滌子題畫詩跋》（釋道濟）
《冬心畫竹題記》（金農）
《冬心畫梅題記》（金農）
《冬心畫馬題記》（金農）
《冬心畫佛題記》（金農）
《冬心寫真題記》（金農）
《冬心雜畫題記》（金農）
《冬心先生隨筆》（金農）
《漫堂書畫跋》（宋犖）
《甌鉢羅書畫過目考》（李玉棻）

《清河書畫舫》（張丑）

隨意寫了這些書名。以笪（重光）的《畫筌》為富麗，王概的《芥子園畫傳》為實用。王昱的《東莊論畫》，唐岱的《繪事發微》，王學浩的《山南論畫》，錢杜的《松壺畫憶》，秦祖永的《畫學心印》，為最徹透。石濤的《苦瓜和尚畫語錄》為最玄妙。都是我們入手不可不看的。其餘也沒有一本推崇北宗的書，也沒有一句推崇北宗的話。在思想上，更證明南宗統一了有清二百七十年。

（本書一九二九年寫成，一九三一年由上海南京書店出版）

中國古代繪畫之研究

中華民族文化的原始形成

欲究明中國繪畫的起源，先應一加窺察中國文化的起源和性質，更應該探討中華民族之發祥地，這差不多是先決的必要的前提。然而在中國古代史、史前史以及考古學之研究上尚待努力的今日，在這一點上其不能予吾人以確切的論證，是必然的了。因為某時代的文化形態是以當時代的經濟社會為其基礎的，絕非憑空的生成，假使忽略了這點，則極易陷於陳說的敷述，絕不能得着比較真實的結論。

漢民族的發祥，究竟來自何地？這是一個有趣味而其實很繁難、恐怕永遠難以徹底解決的問題。許多專門學者對此曾提出過若干不同的學說。有謂發生於甘肅、陝西的；有謂漢民族是從不可測的太古「突發的」發生於黃河流域的；有謂發生於黃河上流很遠的地方而東下的；有謂發生中亞細亞之邊際的；還有從語言學上研究之結果，謂漢族故鄉為古代加耳的邪，經塔里木盆地而入中國的。此外，美索不達米亞起源説、希臘起源説、波斯起源説、埃及起源説……不一而足。這種愈説愈向西移動，實是有趣之現象。從學術之研究，尤以考古學的研究結果看，中國古代文化和西亞細亞乃至希臘工藝天文曆數等，暗示着若干之關係，故其予漢民族以某種影響，雖可確認，然即以為漢民族發祥於此，是頗屬疑問的。

日人伊東忠太以為漢民族屬於廣義的蒙古種，性質特殊，他的言語之構成，文字的組織，風俗習慣，宗教哲學以及心理狀態等，都與西亞及希臘方面之古代民族絕對不同。雖云曾攝取自西亞輸入之文化，而中國文化的基礎，實由漢民族獨特的民族性所築成。所以漢民族發祥於相距不遠的亞細亞內地之説，倒是比較可信的。

其次，漢民族發生的年代。這問題也還有待今後專家的研究才能決定。在今日吾人所可知者，從太古到公元前二千年頃，即夏的中葉，為石器時代；自此至公元前一千年頃，即周代之初，為銅器時代；公元前二百年頃，即漢初，為銅鐵時代。春秋時，風胡子答楚王之問曰：「軒轅神農赫胥之時，以石為兵；黃帝之時，以玉為兵；禹穴之時，以銅為兵；近時作鐵兵，威服三軍。」此說與上述石器、銅器、鐵器的時代，不謀而合。要之，石器及龜甲獸骨等，與殷末的銅器，即所謂金石文字，應該看作是中國太古文化之代表。近年河南殷墟所發掘的龜甲、獸骨、獸角及銅器，它的正確年代，過去雖在專門家之間尚有疑義，然據現在研究的結果，實始於公元前十世紀，即盤庚遷殷以後。單就銅器論，殷以前有無銅器，雖還是一個問題。但根據殷末銅器的相當精巧的這一點，它黎明的時期，未始不可更上推早一些。近人唐蘭氏說：「銅器的發生，可假定是起於夏代的。」這與「以銅為兵」的說法，固不相悖，即與中國歷史上淵源甚深、影響甚巨的「禹鑄九鼎」的傳說，也似乎某點上，不無有關係的可能。事實上，銅器自源於陶，但這個交蛻的時代，決不是殷末的短時期。因此，漢民族發生的年代，三皇五帝不必論，在公元前一四〇〇年的以前，已有相當的精巧的銅器工藝，美化人類的藝術的生活。既起於舊石器時代，那麼比較世界各民族進化的歷程，它的史前歷史或許約略可以想像的。

至關於中國文化之性質，就古代工藝美術上所表現的考察，不能不承認它的根源於漢民族之心理、思想，然後形成特殊的、偉大的、不可方物的一種意匠及技巧。此種特殊精神，一方面固可窺西方亞細亞之色彩，另一方面又可窺美索不達米亞藝術的趣味，甚至與墨西哥之情致亦有若干相通的地方。問題就更複雜了。實際中華民族的文化，具有深不可測的根底，決沒有模仿或繼承其他民族文化的道理。雖然在太古的時候，漢民族不能說沒有和別的民族有過交涉，既有交涉，文化上的交涉和影響自也未能完全拒絕。據一般的研究結果，影響中國文化最早最大的要推西域（包括極西亞細亞、埃及、希臘、羅馬）。如古代最重的玉，即來自西藏；良馬是自中亞輸入的，其他若干的用品，也自西域方面而來。瑞典人安特生所發掘的色陶器，其中純粹希臘形式的也不在少數。又，中國的語彙，因西域方面言語之音譯者，數至可驚。這些外來的關係與影響，有的毫無問題的有遺物可以資證；有的則必為受外來啟發而使然，亦是周知的事實。不過，中華民族的文化，還是始終保持它自己的真面目。在五千年以上之太初，已知以石作日用的器具，又能刻文字紋樣在龜甲獸骨之上，雕刻亦已具雛形；在三千四百年以上的時代，有製作銅器及諸種用品的純熟技術，且都並見進步，具有令人可驚的意匠技巧。到了周（約公元前十一世紀）初，氣魄的雄渾，意匠的神秘和技術的純練，真是「郁郁乎文哉」，雖百世也足令人永遠驚歎的了。藝術是文化的一部門，它的根底，大約是出自中華民族不可思議的思想，與黃河流域地文狀況的茫茫曠野，奇峻山嶽，蜿蜒江河，苛酷氣候，尤以乾燥的空氣與猛烈的流動，養成神秘的趣味，更據此而發生宗教的思想。於是，以此為淵源，創造了與其他民族所不同的藝術思潮。

美術史上的分期問題

中國美術史的分期，國內出版物最初提出討論的，恐還是英人步歇爾著的《中國美術》一書（戴岳譯本，商務版），它曾論及德國希爾德、法國巴遼洛兩家的意見。希爾德在他的《中國藝術上的外來影響》中，把中國古代繪畫分成如下的三期：

1. 自邃古至公元前一一五年。不受外來影響、獨自發展時代。
2. 自公元前一一五年至公元六十七年。西域畫風侵入時代。
3. 自公元六十七年以後。佛教輸入時代。

他這種分法，無疑的是以公元前一三八年至前一二六年的張騫出使西域和公元六十七年（漢明帝永平十年）佛教開始傳入中國為界限。如滕固先生所說，是根據那「外來影響」的課題而決定的。但張騫使西域以前，中國繪畫上有無外來影響？佛教東傳以後，中國繪畫蒙受如何的影響，發生如何的變化，變化後又與佛教保持如何關係？都是今日尚待研究的問題。我們知道，外來的影響像投一石塊在平靜的水面，它的波紋是需要相當的時間而漸次展開的，並不是說這一石投下的當時即會有五光十色的波瀾。希爾德的看法，就原則上論，他對於古代繪畫，作如是的區分，原無甚不可。可是，問題則在他怎樣處理這種劃分。

法國巴遼洛，也是就中國繪畫着眼的，他分為：

1. 自繪畫起源至佛教輸入時代。
2. 自佛教輸入時代至晚唐。
3. 自晚唐至宋初。
4. 宋代（九六〇—一二七九）。
5. 元代（一二八〇—一三六七）。
6. 明代（一三六八—一六四三）。
   明初至成化（一三六八—一四八七）。

弘治至明亡（一四八八—一六四四）。

7. 清（一六四四—一九一一）。

自第一期言，他已把希爾德的一、二兩期包含着，而忽略了希爾德所重視的西域的影響；第二期，繪畫上佛教的嚴重影響，到初唐已成強弩之末，同時北宋亦不失為唐代有力的繼步者。所以第二、三兩期，都有問題。第四期以後，可以不必研究。他的分法，我們可以說，古代尚不及希爾德，中古以後還是斷代的辦法。

步歇爾則分為：

第一期，胚胎時期，自上古至公元二六四年。

第二期，古典時期，公元二六五年至九六〇年。

第三期，發展及衰頹時期，公元九六〇年至一六四三年。

這種分法，不少的學者認為比較希爾德、巴遼洛都好一些。公元二六四年是魏末，這一期包括了西域、印度兩種重要的變遷。說是胚胎時期，似乎還不能表達出醞釀變化的痕跡。尤其是和民族藝術的觀點有相當的距離。第二期指的是自晉至唐末。就當時代的繪畫衍變而論，這原可視為一個階段。不過「古典」的稱呼，就要看你將重心如何擺置了，統統稱為「古典」，或許有不盡然的地方。第三期包括宋元明三個朝代，這三朝繪畫的表現，往往因學者間的意見，而有甚為不同的看法。就人物道釋論，是漸向衰微的道途走去的；就山水論，當有不同的印象，就元以後已成為中國繪畫中心的所謂「文人畫」論，就更有問題了。步歇爾的書，大約不是他專精的緣故，似乎還有待洗練。

以上三家，都是歐洲人，步歇爾雖在中國幾十年，但究竟外國人還是外國人，能有這樣的深入研究，自是令人堪以欽遲的。他們的出發點不能一致，結果也因之而異。加以他們全憑遺物的直觀來決定時代，研究的態度，當然很正確，但中國的有關文獻，若完全屏諸不睬，也是很感遺憾的事，總之是難能而可貴的了。至於日本人，日本由於地理上和中國接近，文字上是中國的另一支流，同時美術上又是中國的後進的緣故，直接間接都可能進一步對中國的美術有所研究。據我所知道的，像瀧精一、中川忠順、金原省吾等的對於繪畫，大村西崖的對於雕刻，伊東忠太、關野貞的對於建築工藝等，常盤大定、小野玄妙等的對於佛教美術……都是近時卓然有所成的專家，各有其不容忽視的成績。除此，如田邊孝次、中村不折、坂井萍水、伊勢專一郎等，也曾為中國美術的研究，盡過相當的努力。但他們研究中國美術，出於民族的誇張，往往不惜歪曲正確的史實，把中國說得無甚稀奇，雖然連這無甚稀奇的，他們本國也還是指不出來。他們對於中國美術的觀念，是把古代的抬上天，說是如何如何的燦爛偉大，再說幾句類似恭維而實際氣憤的話，最後就離不了：「現在的中國有些甚麼呢？」這是日本一般的學者對中國美術乃至一切文化見於文字的公式。所以我們引用日本人的著作，應該警惕着這一點。截至昭和十一年（一九三六），他們關於中國繪畫歷史一類的出版物，可看的還是寥寥可數。大約自大村西崖的《東洋美術史》在二十年前出世以後，好像就為他們鑄造了不能突破的牆壁一樣。田邊孝次雖然重編過一次，也無甚新的資料和創見。中村不折也差不多，他也是三十幾年前，和小鹿青雲合著過一冊《支那繪畫史》。這本書，在日本的影響並不大，在中國倒是促使陳衡恪等許多研究者寫出了若干著作。這兩本書，在分期上都是斷代的記述，其不能令我們十分的滿意，自在意中。至伊勢專一郎，這位東方文化學院京都研究所的研究員，昭和五年（一九三〇）所選的研究題目是：《以宋元為中心的中國山水畫史》。昭和八年

（一九三三）曾刊行一部分報告書，這本書我曾批評過（見《東方雜誌》）。大約他在入京都研究所以前，刊行了一本《中國的繪畫》（另外還有一本《西洋之繪畫》，可見當初他是一位通常的研究者），對中國的美術曾作如下的分期：

1. 古代，邃古至公元七一二年。
2. 中世，自公元七一三年至一三二〇年。
3. 近世，自公元一三二一年至今代。

這分法，是着重在初唐與盛唐，北宋與南宋的兩點。滕固氏說他打破了朝代的觀念，較上述諸家為優越。不過，「古代」的這一期，一方面模糊了中華民族初期的獨自進展，另一方面也抹殺了近時愈益感着不容忽視的西域和南蠻人的影響。雖說是較為新穎，然個人是認為不足為訓的。我以為還是滕固氏在他的《中國美術小史》這一薄薄的冊子中，所作的區分，倒是彌補了上述大部分的缺憾。他分中國美術史為四個時期：

1. 生長時期，佛教輸入以前。
2. 混交時期，佛教輸入以後。

3. 昌盛時期，唐到宋。

4. 沉滯時期，元以後至現代。

就中國美術的全部看，滕氏這種分法，究竟不失為是出自中國學者之手。若縮小一點範圍，即把美術縮為繪畫，它的重要性就更見其增大了。本文擬將中國古代的繪畫作一簡單的籀述，必須先把這古代的界限劃分清楚，所以連連述及以上諸家的意見（此外中國及日本的著作中，自然俱各有分期的說法，但重要的很少），希爾德的三期，都是指古代而言，巴遼洛一、二兩期，亦可作為是指的古代的範圍。步歇爾的胚胎時期，也應作如是觀。伊勢氏則直指邃古至公元七一二年為古代的內容。滕氏的古代，大約為一、二兩期，即自太古至隋的一個時代。巴遼洛的一、二期（自太古至九〇六年），與步歇爾的「胚胎」至「古典」的時期（自太古至九六〇年）差不多，而滕氏的生長、混交時期（自太古至六一七年）和伊勢氏的古代（自太古至七一二年）大體上也相差不甚遙遠。本文為了篇幅的限制，同時又準備對於中國繪畫真正所謂的「胚胎」或「生長」的歷史，盡可能地理出一點明確的輪廓——這當然多少受到若干資料不充分的影響——想在不違背整個美術系統的勢態之下，斟酌步歇爾第一期所定的時代（暫定所要研究的史期到公元二一九年，即東漢末年為止），再施以如下的區分，可為藝術研究的範圍，在敘述的便利上，更分如下的四個小節：

1. 中國繪畫的起源問題。

2. 殷周及其以前。

第一期，自公元前一四〇〇年至公元前二五六年（即自殷盤庚至周末，漢民族藝術發展時期）。

3. 面目一新的秦代。

第二期，自公元前二五五年至公元前一一五年（即自秦至漢武帝，加入西域畫風時期）。

4. 與道家思想、外來影響併發的漢代。

第三期，自公元前一一四年至公元產六十七年（即自漢武帝至東漢明帝）。

第四期，自公元六十八年至公元二六四年（即自東漢明帝至三國末、西晉初）。

我這四小節的區分為四期，目的在可能較詳地把中國繪畫最初的思想、樣式、技法的遷變之跡顯示出來。當東西文化交流史的研究尚未達到功德圓滿的境界以前，許多問題是還需要考古學者及專家們致力的。近年隨着中國考古學的發展，有文獻資料可據的歷史，已能從公元前十四世紀的殷初說起。這於當時的繪畫是胚胎或是生長的考察，是一種重要資證。從那時候直至西周的銅器遺物，我們很可以利用來作初期繪畫的探討，而且這是最確實、最正當的一條大路。在這以前，中國文化未染着外來的影響是無人置疑的。現在的問題是，這民族藝術的發展延續到甚麼時候？周末還是希爾德的公元前一一五年？本來張騫出使西域以前，好像中國和西域的交往，並未獲得哪些專家的注意，他們都覺得歷史文獻上的張騫大旅行，應該無問題的作中國和西域來往最初的一位，從而中國文化染受西方的影響，也以此為開始。但據中國古代工藝品有不少純粹希臘式的一點看來，顯然說明漢武以前的中國人已和西域或其以西的地方有過因緣。在中國古文獻上，也有幾種可供考慮的傳說記載，見於王子年《拾遺記》。這問題在繪畫上，固無法提出更具體的證明，而事實上卻是不可加以輕視的。日本中村不折氏在他和小鹿青雲合著的《支那繪畫史》上，即已經提到中國對外的交流，不是始自漢武的遣使張騫，而為公元前三世紀頃的秦始皇時代。這本書已出版好幾十年，現在幾乎舊的也難找到。據我的意見，他雖未提出充分的論證，而這問題的確有重視之必要，我所以特另闢第三「面目一新的秦代」的一個小節，就是試圖探討這個問題。至於第四「道家思想與外來影響併發的年代」，截至公元二六五年，近一半是為了本文容量的關係，而一半為了晉以後的中國繪畫，無論思想、樣式、技法，都是另一轉變的大樞機。不屬本文直接的範圍，暫時留待別的機會再加論證。

藝術的遷變之跡，好似一條彎曲而無角的曲線，本文（不獨本文，即任何分期皆然）雖然作如上述的分期，把範圍截止到漢末。又採取類乎斷代的三、四兩節，而這並不是表示各個獨立的意思。一種藝術的生長、成熟、衰老、消滅，是作弧線的升降的。況且本文所包括的，又正是中國繪畫全部歷史最艱難、最重要的一段，遺物之少，參考之窘，是多數學者所幾經遭遇的困難。現在我就手邊貧乏得可笑的參考圖籍，對此光榮而不易深入的問題，來試行膚淺的研究。

繪畫的起源問題

中國繪畫，究竟起自甚麼時候？這問題在今日尚無法直接地答覆。歐洲，在新石器時代，已有石壁上、石器上的寫實畫，但在中國，我們只能從人類藝術活動的共同規律，加以推測，知道在舊石器時代即已開始。而在資料十分艱窘的今日，我們無從求得它實際的跡象，所以一提到繪畫的起源問題，大概都不約而同地採擷若干文獻上的記載，同時都傾全力就中國書畫同源的這一點，加以證實。中國的書道和繪畫，某種意義上有着共同的要素是無問題的，或竟說中國的繪畫即為中國書法的擴大，亦不為過。然兩種是不是同時同源而起，還另待研討。我們當然不相信龍書八體、殳書等等是伏羲神農的創作，即黃帝臣的「史皇作圖」之說，我們也用不着加以敘述。在中國人耳熟能詳的傳說中，文字的起源是如許慎《說文解字．序》所說：「古者伏羲氏之王天下也，仰則觀象於天，俯則觀法於地。……近取諸身，遠取諸物。於是始作易八卦……」這象天法地而作的八卦，可以認為就是文字的雛形，也可以認為是繪畫的雛形。又如《易經》「古者結繩而治，後世聖人易之以書契」，也是說中國文字的原始，是聖人造以代替結繩之治的。好像中國的文字的產生，時代上是先於繪畫的。六書的次第，清代小學家曾經聚訟過，而象形為第一的觀念，或較易獲得人們的首肯。因此，中國書畫同源之說，就告成於這種情勢之中了。然而《易經》的「夬」卦及《說文．序》又曾說過，「初造書契，百工以乂，萬民以察，蓋取諸夬」。夬是甚麼意思呢？夬就是刻畫的意思，是說書契的形成，是起於刻畫（夬）的。可見就文獻上論，中國的繪畫，它的產生必先於文字。雖然，世界各民族多半是如此，這種認識，我們應該強調它，尊重它，然後，對於中國繪畫的起源認識才能有比較接近正確的可能。

中國現在的最古文字，通常要推殷墟的龜甲獸骨上的文字，它的時代，現在已經證實，獲得結論的，可以推到公元前十四世紀的盤庚遷都時起。據許多專家的研究，這時候的殷人，已有相當進步的文化，至少在殷的末期（公元前十一世紀或前十世紀頃）這種表示尤為顯然。社會組織、政治機構等，或在卜辭，或在銘刻，都可以獲得若干清晰的頭緒。文字的使用，據契刻上表現，還保留着濃厚的象形的傾向。譬如日、月、土、祭、男、女、兒，及一切種類的動物，都是用圖形來表示，或加以相當的「便化」。這些，我們今日尚不難接觸到當時原物，它和現在所謂繪畫的繪畫，自有遙遠的距離，而這種文字以前，還有它的原始時期，又是可以斷言的。倘若將來在考古學上可以再證定甲骨之外的金文的話，那麼圖形的起源就可以推進一個時期了。

分別來論，文字在殷的時代，既能使用「便化」的加工，且殷末的銅器上所銘刻的若干圖形（此種圖形，或稱圖騰文，或稱圖繪文字等），多半精整得令我們驚異，它的前身，是在甚麼時候、由甚麼樣式而演進，應是一個亟待探求的大問題。至於繪畫呢？從某種程度上加以廣義的解釋，也未始不可承認銘刻上的圖形文字，和繪畫有深不可測的關係。不但是銘刻，稍遲一點的西周，更有很流麗生動花紋的動的圖形，見於許多銅器上。可見繪畫的起源，至少是早於文字的。若據文獻，要找出早於殷代有關圖畫的記載，並不怎樣困難，像紛紜於中國畫史的黃帝時的畫蚩尤，虞的繪宗彝、畫衣冠，夏鑄九鼎、河圖洛書等，但這些記載我們不應予以相信。而今日所可舉出見於陶器及甲骨的，有如下的幾點：

1. 甘肅鎮原縣出土的，見《甘肅考古記》內有：
兩足的雞形；
四足的犬形（頭已損缺，另一器上頭尾四足俱全，見《安陽發掘報告》第三期）；
被衣服的人形（兩手俱全）；
日輪形（外緣有齒）。
2. 安陽小屯出土的骨版畫（見《安陽報告》第七期）內有：
大象與小象（大、小象各畫兩足）。
鹿形（兩足）；
巨口長尾斑紋虎（兩足）；
——以上共一版，雜畫在文字內。
兩猿（下均兩足）；

一虎；

一鳳；

一獸。

3. 上海中國通藝館購入河南商人帶來的已斷骨版，骨版背方計鑽灼處有四十四五處；面方用粉漆畫人形九個，俱兩手兩足，唯服飾各個不同。此版一端已磨損，其繪畫常時不顯，後經水濯乃出。

4. 綠色角尖上用墨色畫兩相背對之圖案。（或名雷回文）

以上四種，除第二種是刀刻的外，其餘都是用筆畫的，所畫的又都是動物。據我看，這種繪畫決不能認為和前述的殷墟文字是同源的。大體上說，殷代是農業的時代，人們關心的是年歲的豐歉和牛羊的飼畜，而年歲的豐歉又必受天時的支配，所以敬天、卜風卜雨的故事及對祖宗獻牛羊的故事，卜辭上記載的很多。這第四種的兩相背對或名雷回文的圖案畫，即是當時人們對自然現象的這種需要的產物。當時殷的都城為位於黃河南岸的安陽，受天氣乾燥之脅迫，自然威力之常存於農民大眾的心頭者，當然是「雷」「雨」，所謂

「油然作雲，沛然下雨」，關係過切，是以形之於圖形。至於諸種動物的描寫，乃至見於殷及周初銅器上的饕餮蟠螭夔虬……紋樣，我以為也與當時的牛羊等畜類的飼養有關。雖則古代祭祀進饗，離不了牛羊等犧牲，據伴着雲雷文重疊而施的情勢看，這動物和自然現象之描寫，必不會先後相差過甚的。上邊的第二點安陽出土一骨版上，描畫大象、小象、鹿、斑紋虎，雜於文字的中間，這種方式尤有它的重要與趣味。埃及的壁畫及扉畫不也有類乎如此的嗎？

中國繪畫起源情形，時代上雖不能確知，但我們可以想像它的產生或不在中國文

鑄有饕餮紋的青銅器

化將見曙光的時期以後。敘畫之源流，唐代張彥遠說「發於天然，非由述作」，他這種見解，也有他不得已的苦衷。現在從殷的中葉起，有實物可資研究，而這種實物所表現的，恰恰和當時及後數世紀的銅器藝術有着很自然、很正當進展的關係。並且，據書契的遺物，這時候筆描的技術，已達到了相當嫻熟的階段。

殷周及其以前的繪畫

繪畫的萌芽，早於文字，乃伴工藝美術及人類的藝術觀念而起的。從表現上論，今日可能看到古代工藝上的繪畫，是一種「圖案」的，即富於裝飾的意味。在這以前，有沒有寫實的啟先時期，尚不明了。若從目的上論，那最能代表古代藝術的銅器、陶器、玉器、書法，尤其銅器，多半是宗教的產物。按文獻上最初的記載，唐虞時代已有「五瑞」「五器」之藝，製成了螭虎彝、蜼彝等禮器。陶器的製作為舜在河濱時所創。到了三代的商（公元前一七八三年至前一一三五年），則各種工藝都有很大的進步，分土工、金工、石工、木工、獸工、草工等六工，以專其事。因是製作的禮器食器等物，無不加以精巧的雕琢、文飾。這類記載，就現存的銅器可以溯自殷的中葉，我們似乎還不能說所謂唐虞五瑞、五器的傳說，完全為不可靠。因為殷是銅器的鼎盛之期，徐中舒先生在《中國銅器的藝術》中說：「此等銅器，如非驟由外來，則必有長期之演進。」據此試向上代唐虞展視，我以為是多少有些關聯的。

古代銅器，大約以殷末及周之初期的一個時期為代表。這時期，相傳有沿自唐虞虎鼻蜼彝的制度而作的像鳥獸人物的形式，並在器體上加以雕刻鑲嵌的裝飾。就形式與裝飾二者的精巧上看，實在有不能不令我們讚歎的地方。憑我們常識的想像，對於自然觀察的捕捉，圖案的表現是較「自由畫」的表現還要艱難的，因為「圖案的」製作，易受種種材料上、形式上或是其他方面的限制。也可說，圖案的製作是需要適應某種一定的限制，而在文樣創作上的加工。自由畫式的表現，就不如此。因而也許圖案的應用（如果是好的話）比自由畫的應用，更要經過相當的斟酌和洗練。如殷墟出土的象牙骨角器、陶器及其斷片，主要的裝飾，就是饕餮紋和雲雷紋精妙的使用，那種非常適應器面的配置，極能表現渾樸雄豪的氣息。同時，對於空間的措置，也已發揮了相當的威嚴。這對後世的中國繪畫在利用空間方面的進展起着推進作用。

中國的文化，到了公元前十世紀的周初，已具相當的規模，西周的末期，文學也綻出了最初的嫩芽。春秋以後，人民的思想更加活潑，頓像百卉爭妍，蔚為大觀。所以周代的藝術，初期是商殷的延長，中葉到戰國末，則各家的學術思想，開始給予藝術思潮以一種有力的灌溉，因而影響着若干工藝上質的變化，大約從前期的樸重漸有向簡練的趨勢。樣式上，也逐漸從純圖案的藩籬中逸出豐富生動的表現。取材方面，也隨着當時盛行的道家思想，漸次擴大題材的領土，大膽地採取神怪、狩獵……為裝飾的對象。這雖然是進步的事實，但我們限於遺物和參考的缺少，尚不能對此階段作更深切的考察。唯一可資研

鴟鴞尊

究的日本住友吉左衛門氏（他曾出版《泉屋清賞》的銅器圖系，為日本收藏銅器最富者）所藏的銅器中，有兩件最令我注意，一是乳虎卣，一是鴟鴞尊。兩者都是大體上像虎像鴟鴞的器型，相當地保存了寫實的作風。在型的構圖上，兩者也俱做到了恰到好處的境界。但我所驚異的，則着重在這種動物形的「面」上，尤其是以腹部能夠施以非常穩重而遒麗的文様。虎和鴟鴞的腳與尾，也都能表示極莊嚴鎮定的精神，這自是中華民族精神的反映。乳虎卣的虎頸之下，並有一個人首向着左邊，來填塞虎頸下的空間，極似一個略帶肩部的半身雕像，當我初次接觸這類人首形式時，是非常奇怪的。人首的兩眼兩耳很大，鼻準很高，口也很闊。若單就這人首的部分看，那一種樸拙的味道，頗使人有面對埃及石雕像的感覺。像這種例子，恐怕中國古代工藝上並不在少數。這究竟說明了一種怎樣的關係？是某地的特殊型式傳播開去，還是各地的自然進步，某點上的不約而同？現在都不能加以肯定。不過，這是關於殷周文化——着重銅器和外來影響的問題，學者間對此懷疑有無可能的也不少。即如可以視為古代工藝文様中心的饕餮紋，據中西專家的研究，甚至也有認為它是太平洋沿岸民族共有的符號的。

清人梁同書說三代的銅器為「夏尚忠，商尚質，周尚文」。在戰國時已感文獻不足的夏商，尚忠、尚質，頗不易明了它的真相。至於殷末至周代，就可以稱之為繪畫的文樣而論，其時「尚文」，大概可信。加之，這尚文的周代，封建社會已經相當成熟，一切典章制度也已大備，學術思想更有自由的發展，秦漢以後的繪畫思想衍成，若推究它的根源，未嘗不能到周的末期來尋覓的。《周禮》一書，雖真偽尚有問題，在今日仍不失為史家研究當時一切政事的資料根據。在這書內，有地宮大司徒掌土地之圖，春宮司常掌九旗，司服掌冕服，司彝掌尊彝，乃至畫明堂、畫門、畫采侯、畫盾……的記述，這都是重視繪畫抑亦繪畫發達的證明。《孔子家語》說：孔子觀乎明堂，睹四門牖，有堯舜之容，桀紂之像，而各有善惡之狀，興廢之戒焉。又有周公相成王，抱之負虎扆，南面以朝諸侯之圖焉，孔子徘徊而望之，謂從者曰：「此周之所以盛也。」又「有周盛時，褒賞功法，或藏玉碗府，或記於太常，或銘於昆吾之鼎；獨周公有大勳勞於天下，乃繪像於明堂之牖」。我們看《家語》上這兩則的記述，可以知道畫牖（即壁畫）、畫像在周代已經相當的盛行，除用於訓誡的意義外，用之於鼎之銘刻是更其榮寵的一種大典。就周代社會研究，這種記載，或者較為可信。此外，關於繪畫及畫家的故事，在這期內（周代的末期），也開始有了著錄，見之於《韓非子》《莊子》《說苑》《水經注》及《歷代名畫記》的很多。可見這時期內，不但壁畫不限於明堂，畫家的名字及故事，也開始有了記載了。

周及其以前的繪畫，我們可以約略指出的（雖然有些證據尚須研究）是從巫術的進而為政教的，從單純的物像進而為指事的構成，這諸種的發展，自然是中華民族美術獨立的發展，加之周中葉以後，學術繁榮，思想自由，知道繪畫的世界是超越一切的世界，從《莊子》《韓非子》《淮南子》的對於繪畫精神及技術的觀念研究，也可以測知當時藝術的發展。就遺物和下一期的史實看來，這時期的藝術，氣魄是雄渾的，意匠是神秘的，技術是經過相當的磨煉的。

面目一新的秦代

在前面，曾提及藝術上最初的外來影響，幾公認為始自公元前一一五年的張騫使西域回國之時。在這時間以前，為中華民族美術的獨立發展時代。據我所接觸過的資料，從前只在日本人的著作上看到對此問題加以懷疑，現在卻在國內的考古學者間，像已經述及的，也彷彿提出了外來影響有遠早於公元前一一五年的可能了（徐中舒、唐蘭）。中村不折和小鹿青雲合著的《支那繪畫史》說：「中國美術在三代的時候，大體為自然的發展，尚未受外來的影響。然至公元前三世紀頃，秦始皇統一天下，版圖擴至西南方面，此時與外域交涉漸興。如與印度的陸上貿易，假緬甸安南之路，依西南的中國商人而開，西域美術亦漸傳中國。」關於這一點，中國的文獻上固沒有明確的證據可以證明在公元前一一五年以前與西域乃至西亞有過怎樣的交涉。而在公元前五世紀，據希爾德的著作記載，希臘商人就到過中國西境的，他們對中國的稱呼就是希臘語的「絹」。中國是產絹之國，恐怕比這更古的時候就為西方人知道了，因而關於 Sin、Sinae 等的語源，雖異說紛紜，但一般都說起源於「秦」字。這雖不能說中國與歐洲的交通都始於秦始皇的「秦」，而反面卻表示着公元前一一五年前的數百年，中國與歐洲是有交通的。至於瑞典安特生在甘肅發現的彩色陶器，在山西、河南、東三省、熱河都有同一系統的陶器出土，這種彩陶，與 Pumpelly 在中亞的亞諾地方發現的，莫文干等在波斯的斯塞地方發掘的，及裡海附近托利坡利埃出土的，都一脈相通。誠如日人岩村忍所謂「這些是不能強斥為荒唐無稽的」，這些一脈相通的陶的形式、文樣和色樣，當然是一個頗有趣味的問題。雖

網紋彩陶船形壺

則現在關於它的年代的推斷，尚沒有權威的結論，但無論如何也不會是在龜甲獸骨時代以後的。所以我們可以這樣說，中國和西方的往來，繁盛期當然要推漢代，而公元前一一五年西域影響才開始侵入的一說，卻與事實是未必相符的。

再就繪畫論，所謂「圖畫之妙，爰自秦漢，可得而記」的秦代的繪畫思想，已從畫家的道德觀而入於寫實的倡導。至於見之於著錄的畫家只有一個善畫名叫烈裔的西域人，這珍貴的資料，見於王子年《拾遺記》：「烈裔騫霄國人，善畫。」騫霄據謂是西域的一國。假使烈裔不是烏有先生，則他對於當時的繪畫，必帶來若干外來的影響，也未可知。由於始皇帝豪宕英邁，氣魄偉大，他的國祚雖然只短短的十五年（公元前二二一年至前二〇七年），而在文化史上的意義則是很大的。在周代已經發達的諸種藝術，到秦更為提高了，尤以建築、雕刻，有着不可磨滅的成績。他的陵墓（在今陝西省西安城東五十里的驪山之麓）現在還是巍然如初。據史載，他的石槨，上畫天文星宿，下以水銀為四瀆百川，這天文地理的描寫，從題材上也可想當時的寓意何在。又如《史記．秦始皇本紀》有「秦每破諸侯，咸仿其宮室，作之咸陽北坂上」的記載，這是關於建築的描寫，而六國的宮室，他都想在關中仿造（觀楚瓦衛瓦，就是楚式衛式宮室的標誌），這位好大喜功的君王，將繪畫實用化了。現存的秦瓦，數量上有不少，如載於《金石索》的宮瓦十六種，平瓦一種，及易縣出土流於日本的半圓形瓦等。純文字的不論，僅就有饕餮雙龍……紋樣的，也可見當時圖案繪畫的一斑。原來秦在邊陲，文化發展比較遲緩。他擊破六國之後，馬上模仿各國的遺器，努力於中央諸國進步藝術的攝取，倘若他和外國（西域、印度）接觸，對於文化的吸收，自然更其活躍。伏琛《三齊略記》（據《太平御覽》所引）有一個關於他與海神交涉的故事，說：「秦始皇於海中作石橋，海神為之竪柱，始皇求與相見，神曰『吾形醜，莫圖吾形，當與帝相見』，及入海四十里見海神。……工人潛以腳畫其狀。」這個故事許多美術史、畫史一類的著作都引做論述秦代繪畫的資料，都說可和《水經注》上魯班畫忖留的故事相並，但也有認為是荒誕不經的傳說的，據我的淺見，這個故事也許和秦代與外來影響的一點有關。關中雖處中國的西北部，所謂「東函谷，南武關，西散關，北蕭關，地居四關之中」，完全是山巒地帶，但他東巡嶧山、琅玡、芝罘，當有見着「海」的可能。這個故事誠然是荒唐不經的神話，但也許未必無因。同時，這也間接地說明始皇是一位喜歡大興土木和注意吸收新文化的人。

總之，秦的繪畫，固無留下的遺物可資討論，若從工藝書法乃至印章等的變化而言，是從厚重趨於簡勁，從莊嚴漸趨活潑。他有沒有感受外來的影響，雖尚沒有研究，但顯然是露出了它自己的面目。而且看來這種面貌，至少是周代藝術某程度的進步，漢代藝術嶄新的基礎。

道家思想盛行和外來影響併發的漢代

漢代的繪畫，現在雖然在遺跡上也是感到非常的不充分，但較之前代，若干僅有的資料，是勉強可以窺察它的痕跡的。因此這中國繪畫史最初的燦爛期，我們就可以試加展望了。

漢代在時代上是承秦之後，藝術上的某部門也是承秦的基礎。更擴而視之，有許多地方還是春秋戰國的緒餘。在秦得到一個短時期提高的藝術，到了這民族的黃金時代，處處都感覺到五花八門，愈演愈精。這一期的時間是從公元前的二〇六年到公元後的二一九年。其間公元九—二十四年的十五年屬於王莽，前漢後漢有四百餘年。中國繪畫的進展，在這時期我們才開始發現了它的飽和狀態，無論自哪種觀點而言，殷周已肇其萌芽的宗教的製作，終漢的末期，還有控制繪畫發展的強大作用。同時漢代社會又獲得長時間的安定，利用繪畫作輔助政治的工具，明禮、定制、崇德紀功，也是適應當時的需要而更趨於頻繁。加之經術、文學，在漢又有今後也很難超越的成就，伴着個人修養的注重，更使繪畫加了道德的負擔。這種種，都是稽之載籍或徵之實物，沒有不可以證明的。因此，壁畫在此期更是特殊的發達。

我們沒有忽略，漢代的人文繪畫思想，是道家盛行的時代。這一點，我想強調它在繪畫——甚至一般美術上的重要性。傳說黃帝就親自在衡山寫過《五嶽真形之圖》，這圖似乎不可相信，而中國繪畫自這以後的歷史起，道家的思想即佔了相當的位置，而為繪畫思想最重要的一部分則是肯定的。所以如此的原因，固然不是簡單的話可以解釋，大約繪畫的本體，是技法、材料乃至對自然的態度等的綜合，為原因之一。而另外最大的原因則是當時代社會生活的反映。漢代固崇尚儒術，但黃老學說的力量也並未如何的示弱，這是我們不可不予以注意的。劉甲叔《古今畫學變遷論》曾說：「古人之畫，與儒術相輔。」這話雖非單指漢代，我覺得對漢代似乎才更近於實際，當然也不盡為實際的。

漢的武帝與秦的始皇在中國民族史上齊名，常合稱為「秦皇漢武」。而實際上，武帝的勳業更形輝煌。單就在上一章研究過的和西方交往的問題，就可見武帝的英邁。他使中華民族的威武遠及於西方了。武帝這一舉，自然出於一種強烈的民族思想，但其所以克奏膚功的根源，可從軍事和哲學兩點來看。關於前者，曾戰勝北方及西北方的韃靼又與月氏等氏部族交接；關於後者，就是流佈像四百年前周之穆天子曾到崑崙奉觴西王母的故事一類，完全是神秘的道家傳說。當公元前一〇四年武帝即位五十四年，帝的威武和無可底止的道家想像力，使他計劃了對土耳其斯坦的遠征，意欲再訪道家樂園之女王西王母，於是開始了頻繁和西域的交涉。即為追跡匈奴人，而派遣使節到西方去。這批使節，在路上或遭艱險，或被扣留，費多年的時間，才到大夏高原與波斯人、希臘人相接。因而獲得西域製作的珍物，葡萄培養的方法，以及土耳其斯坦種的良馬等到中國來，這就是馳名歷史的張騫西行。到了後漢，明帝又擢班超為西域遣使，和帝遣甘英出使大秦，與大秦王安敦都有了聘問，隨着這陸路海路和西方交通的暢通，西方文化的輸入，自對於中國周秦等傳統的美術，給了相當的影響衝動和感化。

外來影響的第二度，所謂佛教的傳來，通常是以公元六十七年的後漢明帝永平十年為始。據近人的研究，則公元前二年前漢哀帝元壽元年佛教傳入中國之說，較為可信。這相差七十年的兩說，我們姑不必怎樣地計較，但佛教在中國社會上漸得民間的信仰，卻是在後漢桓帝（公元一四七年起）靈帝（公元一六八年起）的時候。那時經典也譯出了不少，大月氏、安息等國的佛僧，都陸續來到了中國，往來既這樣頻頻，佛教藝術的種子就得到灌溉而萌芽了。這西域和佛教兩種外來的影響，就整個的中國美術看，前者實不及後者，若就傳入當時的漢代看，則後者在美術上的影響，還不十分顯著，或可說是談不到的。本來一種外來影響的侵入，必須要長時期地醞釀，然後才會發酵的。所以兩種影響雖自然地把漢代四百來年分成了三個階段，而我們不特繪畫，即諸種美術，也無法且不可以截然來看的。無論你根據遺物或是根據文獻，着眼於繪畫或着眼於工藝、雕刻，漢代的美術還是繼承周秦而更加發達，還是中華民族的美術。佛教的作用，即西域乃至西亞的潮流，也是融化在中華民族美術的大洪流中。我在另一篇文字上，說過好比丟點顏料在揚子江內，波紋是有的，尚決不至變易水的色彩。從種種資料來窺探漢代的繪畫，把外來的影響，盡可能地抉出加以研究，也許更可烘托漢代繪畫思想樣式技法上偉大的業績。

現在我們就在極少的漢代藝術的遺物內，籀出漢代繪畫的思想、樣式，乃至技法來。縱然極其困難，而仍不得不朝這方面致力，因為捨此便沒有第二條正確可走的路。純繪畫的遺品沒有存留，自清代以來，關於建築雕刻的畫像石、墓碑、墓闕之類，已是考察漢代繪畫的唯一標本。這類畫像石、碑、闕，據我身邊的資料，它的時代除孝堂山相傳為前漢的外，有明確記載的可溯至公元一一三年即後漢安帝的永初七年。它分佈的地域以山東最多，幾乎都在古齊魯之地。此外河南、四川、江蘇也有一點。這一類自以畫像石為代表。除此，關於工藝方面的銅器（鏡、鑒）漆器……尤以後者，據近年朝鮮樂浪的發掘品，時代上已明確地可溯至公元六十九年即後漢明帝的永平十二年，早於畫像石四十五年。然而兩種都是屬於後漢，即是在西域佛教已進入了中國以後。以上所舉當然有若干品物上沒有年號的記載，不易考出它的正確年代，或是限於參考的缺少，遺漏若干重要的資證，也必然不免的。

畫像石的遺存最多，除習見的外，據日本大村西崖過了目的尚有二百多石。所以他認為這是漢代藝術遺物的主要部分，這話是不為過的。畫像石刻於享堂或碑闕的石壁上，為對於死者的「供養」而作。原來中國古代對於死者非常尊崇，周秦以來的厚葬之風，到漢是完全繼續着。中葉以後，更是發達。後漢時代畫像石之多，正與這厚葬有密切關係。他們相信死者在土中的生活是和在地上一模一樣的，不會有多大變化，所以死者的親屬或與其有關的人，往往為了死者將來冥中永恆的生活打算，不惜用最大的精力物力，來冀求死者的一切享受和便利。同時，又相信人死以後的權威比生前更大，可以福禍他的有關的人，從而又添雜若干勸誡祈禱的意識。所以畫像石上所刻畫的，最能表現當時人的思想、生活、風俗習慣……或是理想中的樂園，或是不可思議的境地。這純是宗教的、道德的製作，而橫貫於其中的則是道家的思想。

漢畫像石（一）

漢畫像石（二）

大部分畫像石的主要題材多為風俗、歷史、神人、異物及死者的行事、生活。我們試就馳名世界的孝堂山和武氏祠兩處的石室來研究。孝堂山，傳說是孝子郭巨的墓，它是前漢時人，又有永建四年四月二十四日及永康元年七月二十一日的遊人題記。那麼它的時代，當在永建以前無疑。

據光緒三十四年（一九〇八）流入日本的孝堂山小石室畫像石，正面畫像分五層：第一層，寫雙龍，第二層和第五層都是七個人物，第五層人物以外的空間，很自然地配以禽獸器物。第三層作雲氣，第四層右邊一人坐床上，後有像屏風一類的東西，這或是墓的主人？主

漢畫像石《荊軻刺秦王》

人前有小桌及燭台，又作一人跪，一人長揖而拜之狀，又其後二人，屏障之後立一人。側面也和正面距離相同地分五層，畫人物雲氣等。第一、第三層的雙龍雲氣和第五層的人物禽獸、圖案的氣息很重，多少還脫不了填充的痕跡。

武氏祠是後漢順帝桓帝時任城名族武氏一家的享堂，存有石闕的四面和祠堂三石，前石室十五石，後石室十石，左石室十石，是規模最大的刻石群。《金石索》統稱為「武梁祠」，其實，祠堂是屬於從弟武梁的，應稱武梁祠，前石室是武榮祠，後石室是武開明祠，左石室是武班

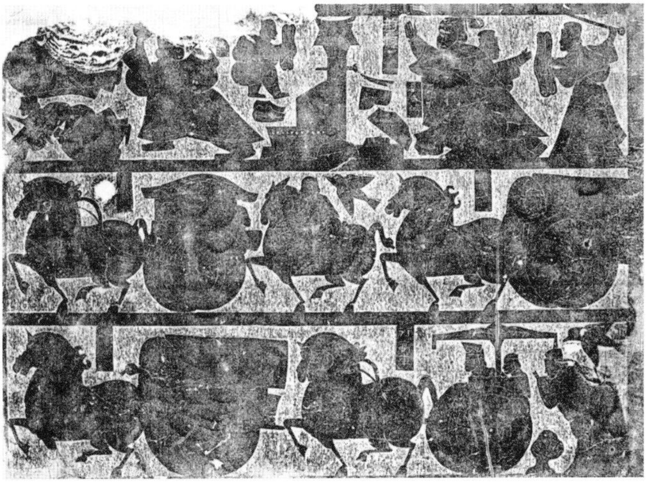

漢武梁祠畫像

祠。闕的四面刻有天吳三身，馬、龍、虎、周公輔成王圖，獸環的鋪首，及車馬人物樓屋等。是為石工孟孚、李丁卯作。武梁祠畫像石刻有三皇五帝、禹、桀、孝子、刺客、烈女及神人、奇禽異獸、車騎、人物、樓閣等，是名工衛改所作。武榮祠畫像石刻榮之經歷及其他。武開明祠的刻畫題字俱已漫泐，唯石柱上有「武家林」三字。武班祠，只有第一石有顏□、侯嬴、王陵母、范睢四人的故事。武梁卒於後漢元嘉元年（一五一），這武氏祠的年代大約可推。就畫像石題材論，和孝堂山的距離可謂不遠。同是採取歷史事跡及宇宙間的神秘為主題，比如石闕所刻的周公輔成王圖，在周的明堂四牖就畫過的。前漢的武帝也畫過《周公負成王朝諸侯圖》賜給霍光。和武氏祠同地的嘉祥縣劉村，洪福院畫像，也有一石畫這個題目。從此或可證明武帝賜圖霍光的記載，不但可能，而且這題材的選用，多少還是歷史的胎示。

孝堂山和武氏祠的技法固然不同（詳下文），據個人的意見，這兩種的樣式，也是可以相提並論的。這一點，即是我前面所提起過的道學思想和外來的影響。關於前者：像武梁祠以及畫像鏡，陽刻人物磚等遺物上的山神海靈，奇禽異獸，同是當時繪畫關於道學思想相當成熟的結晶，又如晉陽山畫像石，朝鮮樂浪永平十二年的漆盆是把「西王母」做裝飾的主要題材。這是否可以看作孝堂山和武氏祠距離不遠的資證，雖尚需研究，而顯示繪畫思想最主要的一種，是無可諱言的。關於外來影響，秦以前已有交往的可能，前面已有約略的敘述。在畫像石盛行的後漢，有幾點是可以提到的。孝堂山的畫像石，有貫胸國人，胡王獻俘的刻畫，貫胸國究竟是甚麼地方，我尚不能考出，至於胡王獻俘的這畫題，我們不能不想像是後漢靈帝或其以後，西域或其以西藝術侵入中土以後的製作。從這點看來，孝堂山的時代就無理由把他置於公元以前了。在工藝上，運用唐草天馬、葡萄等文樣的作品，它的時代，也俱不能在孝堂山以前的。落成於公元二〇五年，四川雅安的高頊墓，存有石闕和石獅，石闕的動物和石獅的兩翼，更可以看出西域乃至波斯影響的存在，離張騫已三百年了，從陸路海路都有影響着實際製作的可能。至於佛教的影響，則我們只有從公元四〇〇年前後，朝鮮發現的高句麗時代的梅里山四神塚的壁畫上，去觀察其初期的留影。本文的範圍內，是還談不到佛教的真正影響的。

以畫像石為主的漢代繪畫，它在中國古代繪畫研究上，大約有四點重要性：第一，這些人物為中心的題材，是中國最古，人們習見的題材；第二，年代非常明了；第三，表現了漢代畫家所熟知的歷史傳說，及根於道家的不可思議的想像力；第四，對於構圖的創作，已知道自然的限制，而能予空間以恰到好處的佈置。乃這種重要性大啟中西美術家的研究，如 Fenollsa 氏認為這種畫像石的製作，尤其是馬的樣式與美索不達米亞傳來的原型相通，寅田耕作氏從明器研究，人物祥瑞，都和畫像石類似，認為也是道家思想的產物。關於這一點，我個人以為是特別有興味的。孝堂山的貫胸國人，胡王獻俘題材，固不能反對這是出於外來的刺激。而多數畫像石的構圖，最可注意的是，每把畫面分成平行的間格，而在這有限制的間格中，運用源於民族的思考。這平行的分劃畫面的形式，在前期的工藝美術——尤其是陶器，雖然多少可以找到相通之處，然而深一步考察，總不十分自然。意大利波羅尼亞博物館所藏公元前四世紀前半期葬儀用的石雕，也是分倒梯形的畫面為三層：第一層刻魚尾的馬和長蛇，這恐是代表冥界權威的動物；第二層刻死者曳二頭有翼之馬車，由冥界使者導進黃泉之國，使者為一有翼之裸男；下層刻騎士與戰士的劍鬥之狀，這是受了希臘影響的東西。又埃及舊都登德那神殿的柱上，也分層地描寫出參拜時儀式的浮雕。甚至同類的又見於西方美術的建築裝飾。這究竟和漢畫像石有怎樣的一種因緣，現在是頗難肯定的。而假使這種樣式是來自西方，絲毫無害於中國繪畫的偉大仍是無疑義的。

着眼於樣式和技法，像畫像石、碑闕、銅器……資料，固還不能看作百分之百的繪畫，因而根據這些建築、雕刻工藝的遺物而説的話，或者不能令我們首肯。然而這是沒有辦法避免的缺憾。我説過中國繪畫基礎是文字的擴大亦不為過的。如世界所周知者，中國繪畫是和文字一樣為線條所組成，這種線條的運用，殷周的龜甲書契和銅器銘刻文様，本來已有精巧的表現，是為上古繪畫樣式技法的一種有力的旁證。而在漢代的諸種遺物上，線及空間的利用，是一種如何的蜕變？同時和魏晉以來接近於我們想像的作品又有何等關係？那麼就成為現在應該捉住的一大課題了。據我的觀察，源自工藝美術的圖案的樣式與填充的技法，在多數畫像石中還是有濃厚的力量。上面所述的孝堂山和武氏祠，前者是陰刻，用陰刻的線條來表示眉目衣褶；人物樓台器具以外的空間，則刻低一層，類於薄肉浮雕。這與殷周時代在以銅器為中心的器型上面，用雲雷文作地文而突出饕餮、蟠螭等文樣像是同一的技法。後者是陽刻，可認為較前者是進了一步，也是人物樓台器具以外刻低一層的，不過陽刻的圖像僅僅加以非常簡勁的陰線而已。這兩種技法，都是屢見於工藝的，如銅器的壺、畫像鏡、畫像空磚、瓦當等是。不管孝堂山的時代將來作如何的考定，但這些完全是接續前期的初期作品。畫像石固需要繪畫作初繪，壺、鏡、磚、瓦，是成自模型，而模型也是先成於畫後再雕刻的。我們在這初期的資料中，還只能慨歎當時的繪畫技法仍緩滯在填充的階段上，以自然的限制使不得不保留圖案風味的樣式。然而在公元一一三年的兩城山畫像石、一一八年的太室石闕、一四二年的武氏祠石闕、二〇五年的高頊石闕，以及虎豹畫像磚，就漸次顯示了技法上有擺脫「填充」的趨向。兩城山畫像石，是公認為漢畫像石中最進步的技法的，它的薄肉浮雕不

漢代銅鏡

漢代瓦當

像孝堂山以線條來表現眉目衣褶的糊混，也不如武氏祠利用陽形輪廓的挺拔，這是近乎近代所謂的浮雕版雕刻，如中部中央向左右飄揚的旒，即用高低來表現透視，在雕刻固為難得，在繪畫上也自有它的價值。它是以古拙的精神很安詳地表現在甚為簡勁的構圖上，令人一見，就感覺圖案的意味淡了許多，寫實的意味加強了。畫像鏡和虎豹畫像磚也都可以看作是這種技法的代表作。技法上的如此變化，它給予繪畫的影響是可想的。至於晉陽山畫像石孝堂石室陰刻畫像、漢嘉祥畫像陰刻人物及蛟龍文磚、畫像室磚、天津方若氏藏的畫像磚五種，及樂浪出土品金銀錯筒上的人物，又表示了另一種技法。不但是認為線條的刻畫，並且進一步地能夠以相當寫實的圖像控制畫面的空間。尤以前三種車騎行列的活潑生動，人物畫像空磚精細的線條，方氏畫像磚的車馬樓屋及捕魚射獸的雅趣，或者我們想像中，這種培養於道家思想的發展、寫實的接近和空間的主宰，即是張彥遠所謂的「遺其形似，而尚其骨像」。這話本指人物而言，再進步二百年，不是足以接着樂浪、高句麗的人物壁畫，甚至傳為顧愷之的《女史箴圖》了嗎？

以上所述乃從漢代繪畫的思想、樣式、技法各方面來推究它的衍變，而作為推究根據的是雕刻和工藝。其他如一九二五年河南洛陽漢墓中發現的墓磚，一九二六年東京帝國大學文部發掘的朝鮮樂浪郡時代墓葬群，發現有永平十二年（七〇）銘文的漆盆及一玳瑁小篋，一九三〇年遼寧河同屯漢墓中發現正室之左右兩壁壁畫。這幾種都是描繪的人物及動物之像。此外尚有邀寵美術界的樂浪時代色彩絢麗、描寫奇異的彩篋和公元四五世紀製作的壁畫群。

又，我記得在日本啟明會關於中國工藝講演的專刊中，見過關野貞博士的講演附圖有一漢代墓磚，是筆繪的人物畫，線條、構圖和人物栩栩的表情，均為非常難得的

漢代畫像磚《弄丸宴舞》

珍品，可惜此書一九三七年毀於南京，現在不能加以具體說明。據近人賀昌群氏的《三種漢畫之發現》，洛陽出土的墓磚五件，其中兩件為長方形，均廣二點四厘米，高十九點六厘米為作墓門之用的。其餘三件則在墓門之上，作門拱用者，均為三角形（大小為七十五厘米乘四十五厘米），一如墓中磚片，厚而多孔，磚的兩面皆有畫，其貼於白堊壁之一面，筆痕已模糊，正面則清晰可辨。其時代大約在明帝年間也。這些遺物上的描繪，其時代大體說來，以樂浪漆盆為最古，和畫像石差不多，其題材也俱是畫像畫家所最愛而所習用的描寫的作品，和浮雕式的畫像石或鑄造的鏡鑒，模製的磚瓦之類，表現有很大不同。這是材料工具的不同，根源應該沒有差別。再據朝鮮，高句麗遷都平壤以前傳中國在晉末的梅里山四神塚，湖南里四神塚等墓的壁畫，樣式上雖籠罩了佛教的色彩，而一種稚拙可愛的精神，大部分仍像是二百年前的漢物。四神塚的四神和石刻畫相似，因而決定它的時代不會在晉代以後。實際上，據我的觀察即為期在第五世紀的雙楹塚的壁畫上，主室後壁所畫的斗拱之形，固未完全脫去漢代繪畫的餘影；若從筆法看，和樂浪出土的永平十二年（七〇）之漆盆所畫的神仙，也令人多少有相同之感。

總之，漢代的繪畫，到了東漢，思想上，大體以道家為主；樣式上，以人物為主。但在若干圖案的氣氛中，有的可以察出幾分外來的色彩；技法上，線條的運用，已到相當嫻熟的境界。對於「骨法」的初期建立，空間的控置，也都有了力量。它給予下一時代畫壇的影響，是魏晉人物畫的崛盛，和繪畫思潮上若干關於道家的課題。

一九四〇年十一月八日

（本文根據傅抱石先生手稿整理，原文經多次增刪，字跡潦草，難以辨認。脫漏錯訛，恐在所難免）

中國的人物畫和山水畫

引言

中國繪畫的優秀傳統是富於現實主義的精神和它的人民性的。這種現實主義的精神和它的人民性，是構成中國繪畫發展主要的基礎。現在想站在這個基礎上，根據遺跡，結合資料，簡單而又重點地談談中國人物畫和山水畫發展的痕跡及其輝煌偉大的成就。因為，從中國繪畫的主題內容看，大致是：五代以前，以人物為主，元代以後，以山水為主，宋代是人物、山水的並盛時期。從中國繪畫表現的形式和技法看，五代以前，以色彩為主，元代以後，以水墨為主，宋代是色彩、水墨的交輝時期。為了說明的便利，先談人物畫，再談山水畫。

我準備從東晉顧愷之的《女史箴圖卷》談起。顧愷之是中國繪畫理論的建設者，同時是一位劃時代的傑出的人物畫家。《女史箴圖卷》雖是摹本，而就現存的古典繪畫名作看來，它的內容和形式卻比較具體而時代又比較早，是極富於研究價值的。我們從這幅作品中，很大程度上可以看到它和漢畫的關係，可以看到中國繪畫以線為主的人物畫的發展和提高，特別值得提出的是某程度地看到了一千五百年前東晉時代貴族女性生活的面影。六朝時代，由於外來的和以西域地方為中心各民族的影響逐漸深化，內容和形式都有新的展開，特別是表現形式和技法上色彩的重視和暈染方法的採用，從而產生了像張僧繇那樣傑出的大家。閻立本是初唐人物畫的典型，刻畫入微的《列帝圖卷》，顯然說明了唐代人物畫（包括肖像畫）的高度成就。開元、天寶前後，宗教人物畫上四種不同的表現形式後先輝映，形成了唐畫的多彩多姿，健康、有力，最富於現實的意義。通過五代的半個世紀，使我們在宋代的畫面上出現了民族的本色風光，絢爛奪目的色彩、生動流麗的線條、淋漓蒼勁的水墨，輝映於各種畫面。不但如此，羅漢和觀音，已不再是「胡相梵貌」，而不少是道道地地的中國形象。更重要的，是不少偉大的畫家傾心現實風俗、生活的描寫，典型的如張擇端的《清明上河圖》卷，證明了中國畫家無限的智慧、驚人的勞動和卓越的才能，因為它不是形象的記錄，實在是高度的藝術創造。風俗生活的描寫到此境界，我們沒有理由不引以自豪。山水畫是人物畫的同胞弟弟，年事比較輕，大概在宋代他們倆舉行了勝利的會師而「分庭抗禮」。這就充分說明了中國人民是如何熱愛、歌頌祖國的錦繡河山，同時也充分說明了中國畫家們創造性地解決了——至少是基本地解決了——怎樣現實地、形象地來體現自然的問題。這不是一個簡單的問題，這是有關山水畫的命運也即是中國繪畫發展的問題，而我們古代優秀的畫家們確是天才地並相當完整地把它解決了。後來，由於水墨技法在山水畫上飛躍的發展，不但豐富了山水畫的精神內容，並為其他兄弟畫種的發展提供了有力的武器，使整個中國繪畫的面貌從此起了變化。對世界造型藝術的發展來說，這是中國人民偉大的貢獻。當然，元代以水墨、山水為主流的發展，我們不能遽認為完全是主觀的產物，它是和當時的社會關係具有密切的因緣的。請看文學（特別是詩、跋）、書法在畫面上構成為有機的一部分——不可缺少的一部分，不僅僅是，使得主題思想更加集中、更加豐富，並從而形成了中國繪畫的特殊風格。一般說，繪畫、文學、書法，是應該有機地結合起來而成為一個藝術整體的。明代以後，變化漸減。特別是明、清之際，形式主義的傾向漸趨嚴重，不少的畫家——尤其是山水畫家脫離現實，脫離人民生活，盲目地追求古人，把古人所創造的生動活潑的自然形象，看作是一堆符號，搬運玩弄，還自詡為「胸中丘壑」。我們必須承認這是一種惡劣的傾向。但這並不等於説，中國繪畫現實主義的優秀傳統便因此而絕。實際形式主義這玩意兒，各個時代都是有的，不只是明、清的產品，若是脱離生活、脱離現實因襲模擬的勾當，都應該屬之。我們不但有豐富的遺產證明，明、清兩代有過不少的畫家不斷地和形式主義者進行劇烈的鬥爭，並取得了一定的勝利；即當半封建半殖民地社會繪畫上的形式主義最囂張的清末——咸豐、同治時代，我們仍可以在南京堂子街太平天國某王府的壁畫上，瞻仰到現實主義的偉大傑作——《望樓》。

從東晉顧愷之的《女史箴圖卷》談起

傳為顧愷之所作的《女史箴圖卷》，是世界名畫中傑出的作品之一（倫敦大英博物館藏）。一九〇〇年在八國聯軍的暴行中為英人掠去以後，資本主義國家的所謂學者、專家們，尤其是英國和日本，對這幅劃時代的中國人物畫家的傑作，進行了不少有關的研究。截至最近的二十世紀五十年代，對於《女史箴圖卷》不是真跡而是摹本的看法是一致的。比較有力的意見，認為很可能是七世紀初葉即隋末唐初所臨摹的。

原來《女史箴》是晉代張華所作的一篇文章。據李善《文選》注：「曹嘉之《晉紀》曰：張華懼后族之盛，作女史箴。」顧愷之根據了張華原作的主要內容採取了書畫相間的橫卷形式，一書一畫地表現出來（前半已失，現卷自「玄熊攀檻」起）。從文字的主題思想看是反動的，完全是為了擁護封建統治而對女性的一種說教，目的是叫女性學習歷史上的「典

東晉顧愷之《女史箴圖卷》（局部）

型」和生活上的注意——如化妝、説話等各方面都要「規規矩矩」，不可亂來，亂來就要犯法。若從圖卷的創作手法——它的精神和方法——看，我以為至少有兩點值得注意。

第一，是表現了生活。張華《女史箴》原文所涉及的盡是些有關女性的歷史故事和一大堆教條式的格言，而顧愷之《女史箴圖卷》所表現的則是結合了當時代的現實生活來創造畫面，充分地傳達了活生生的氣息。今天我們若要考察四世紀貴族女性生活的若干場面，它無疑是值得注意的比較近於真實的資料，這也就足以説明畫家高度的富於現實精神的創作手法。全卷有兩段最突出、最精彩，一是「人咸知修其容而莫知飾其性……」的一段，描寫三個正在化妝的貴族女性，右邊一女席地而坐，左手執橢圓的鏡子右手作理鬢的姿勢，鏡中現有面影；左邊一女袖手對鏡而坐，身後一女俯立，左手挽坐女之髮，右手執櫛而梳，席前還置有鏡台和各種化妝用品，一種所謂「寧靜肅穆、高閒自在」的氣氛，讀了之後恍如面對古人。另一是「出其言善，千里應之……」的一段，意思是一切要滿口仁義道德，否則，即使同被而睡的人也會懷疑你的。畫一張床，右向，周圍懸有帳幔（幃），下截有屏風一類的東西，向右有門及和床的高度相等的榻（几），榻的兩端各承以五柱之腳。女性坐床上，男性坐榻，兩足着地，面向左，作與女談話狀。這是一段私生活的描寫，男女的神情，表現得相當生動，特別是那個男性似乎表現了非常滿意的樣子。這是顧愷之在創作主題要求上積極的一面，充分表現了那位女性是出了「善言」那一剎那的情景。

第二，是發展了傳統。我曾經這樣想過，倘若顧愷之不從現實的生活描寫，那麼——我主觀的推測——面對這個主題只有一條路可走，就是取法漢代畫像石的辦法，把原作的歷史故事主觀地來設計來描畫。倘如此做了，對中國繪畫現實主義傳統的發展，損失固無可衡量，但顧愷之也就並不是怎麼偉大的一位畫家了。由於他進行了現實生活的傳達，首先便說明他所以能夠這樣做，是實踐了他自己所主張的形神兼備的理論，同時也發展了既有的優秀的傳統。根據最近關於古畫的情況，東晉以前的繪畫遺跡是相當有一些的。如長沙附近出土的戰國時代的帛畫（在北京）和漆奩（在南京）；營城子、遼陽等地漢代的壁畫；朝鮮出土的彩篋和朝鮮大同江附近漢墓的壁畫；加上為數甚豐以山東、河南、四川為主的畫像石、畫像磚等，都是足以證實和啟發現實主義傳統的絕好資料。我們從這些作品當中，很明顯地看到一個事實，即是中國人物畫上線的運用始終沒有改變，並且不斷地有了發展和提高。特別是畫像石和畫像磚（大多數是屬於後漢時代的作品），武梁祠和孝堂山因為經過了雕刻家的加工，還不能遽認為是直接的資料，可是武梁祠，比較起來還是邁進了一步。至於畫像磚，就線描的活潑生動來看，又不是武梁祠和孝堂山的畫像石所能比擬的。可惜三國和西晉時代現在還沒有發現較為典型的作品。這就是說，《女史箴圖卷》的表現，在一定程度上體現了人物畫優秀傳統的繼承和發展，沒有問題是大大超越了漢畫的。

應該談談六朝時代

由於顧愷之能夠從現實出發，繼承並發展了人物畫的優秀傳統，我們認為他是盡了而且是出色地盡了一定的歷史任務。次一階段，據我膚淺的見解，應該談談六朝時代。具體地說，即是說從顧愷之《女史箴圖卷》到閻立本《列帝圖卷》之間的一個階段。

從顧愷之到閻立本，大約有三百年。在中國繪畫歷史上，在顧愷之所發展了的以線為主的優秀傳統的基礎上，這三百年間中國文化的變化是相當巨大的。東晉之後，經過南北朝的混亂到隋的統一，是封建經濟獲得恢復並開始發展的時代，同時也是外來文化影響不斷加強、不斷刺激和逐漸融化的時代。這些影響應是通過中國西部和南部而來的諸種外來影響，特別是佛教及其藝術的影響。首先在雕塑方面：黃河北岸敦煌以東，麥積山、天龍山、龍門、雲崗……直到山東的雲門山，印度犍陀羅式和笈多式的影響是在不同的洞窟裡面不同程度地存在着。但我們今天亟須指出的是它們對於中國繪畫的影響，主要是對於人物畫的影響。就東晉時代論，在顧愷之當時，他的老師衛協，曾畫過佛像，在當時這是新的題材和新的創作，對人物畫是有過一定的豐富和啟發作用的。後來由於佛教經典的譯佈，大乘佛教如「維摩詰經」「法華經」「藥師經」……諸經典及其有關的藝術形式，在繪畫上都有很大的發展和輝煌的成就。更重要的還在於佛教繪畫表現形式和表現技法的影響，例如「經變」「曼陀羅」「尊像」「頂相」……對於中國人物畫（內容和形式）都引起了很大的變化。特別是佛教雕刻裡面流行最普遍的「三尊像」的形式，也給中國肖像畫以相當嚴重的影響。

總的說來，從表現形式看，佛教藝術（主要是繪畫）輸入中國之後，在以線為構成基礎的中國人物畫的表現技法上，被提出了兩個相當重要的新的問題，一個是色彩的問題，一個是光線（暈染）的問題。

中國人民自始就是非常喜愛色彩的，在文獻資料和繪畫遺跡都有充分的證明。如上面提到過的漆奩、漆篋、遼陽和朝鮮漢墓的壁畫……都應該說是富麗絢爛，發揮盡致。不過在表現形式和技法上有一點值得注意，那就是不管怎樣鮮豔、複雜的色彩，在畫面上必須接受線的支配，和線取得高度的調和，即色彩的位置、分量，一一決定於線（多半是用墨畫的）。試就顧愷之《女史箴圖卷》研究，它突出的遒勁有力所謂如「春蠶吐絲」般的線和薄而透明的色彩，為了不致使線的負擔過重，色彩被處理得很淡而大部分採用膠性水解的顏料。這樣，畫面便富於恬靜柔和的氣氛，以《女史箴圖卷》為例是更適宜於主題的。這是中國繪畫優秀傳統基本的特徵之一——線和色的高度調和。

到了南北朝後期，由於外來和以西域為中心各民族藝術複雜，強烈的色彩刺激，現實的生活影響，逐漸產生了以色彩為主的新的畫風。這種畫風，非常受人歡迎。同時在重視色彩而外，還不同程度地採用了暈染的方法，企圖解決畫面上的光線問題。我們試就南齊謝赫的《古畫品錄》和陳姚最的《續畫品》研究，即可顯著地了解到這一點。《續畫品》原是緊接着《古畫品錄》而寫的，在謝赫尚居「六法」之一的「隨類賦彩」，到了陳姚最時代，色彩（丹青）便一躍而代表了繪畫。陳姚最在《續畫品》序言裡，劈頭就說：「夫丹青妙極，未易言盡，雖質沿古意，而文變今情。」這四句話的意思是說：繪畫（丹青）是非常精妙的，不容易說得徹底，但現實的情況變了，傳統也得變呀。大約齊、梁之際色彩在畫面上有了飛速的發展，所以《續畫品》所評介的二十位畫家，舉出了張僧繇、嵇寶鈞、聶松、焦寶願和三位印度的畫家，並指陳他們最大的優點在於能夠結合現實的要求——包括對色彩的要求——來進行創作。他評張僧繇說「朝衣野服，今古不失」（姚最《續畫品》，下同）；評嵇寶鈞、聶松說「右二人無的師範，而意兼真俗，賦彩鮮麗，觀者悅情」；評焦寶願說：「衣紋樹色，時表新異，點黛施朱，輕重不失。」從這些評語，我們不難想像姚最時代較之以前，特別是晉、宋時代的生活，是顯然起着不少的變化，所以在繪畫上必然地也要求有相應的變化。

張僧繇便是這時期的代表人物。因為他在既有的傳統基礎上，一面結合了現實，一面又從現實發展了色彩。可惜的是他沒有可信的作品存留，只有根據後來某些傳為模仿他的作品（如《洗象圖》）和若干文字資料加以研究。他的重要性是在豐富了中國繪畫的色彩和一定程度地使用了暈染方法，使畫面美麗富瞻，同時又適當地強調了形象的立體感。這種進步的手法，對於傳統的以線為主、以色為輔，是一種帶有革命性質的改變，是面目一新的東西。他主張色彩是不需依賴任何別的東西而可以獨立成畫，即使取消了線也是未嘗不可的。所以他從長期的實踐中，創造了一種「沒骨」的畫法。所謂「沒骨」，就是沒有輪廓線的意思，完全用色彩畫成的。這種畫法——把「線」的表現引向「面」的表現，曾大大地影響並豐富了後來山水畫特別是花鳥畫的發展。

我們試將顧愷之的《女史箴圖卷》和閻立本的《列帝圖卷》並觀，非常顯然地可以察出它們的不同，它們中間是存在着若干具有橋樑性的畫家的。我想張僧繇應該是這若干橋樑性的畫家中重要的一位。此外還有曹仲達和尉遲跋質那，他們現實地、有機地把外來的某些好的成分（色彩和暈染方法）吸收、融化起來，從而豐富了中國繪畫的優良傳統和為傳統的發展特別是為唐代的發展創造了更多更好的條件。

今天看來，這個時代外來的影響特別是兄弟民族的影響，對於中國繪畫的發展是起了很大的豐富和推進的作用的。同時也產生了不少外來和兄弟民族的偉大畫家，如融合中印度笈多式雕刻形式創造新的畫風的曹仲達、隋唐時代善於重着色的大小尉遲（尉遲跋質那和尉遲乙僧）和「馳譽丹青」的閻氏一家。

刻畫入微的閻立本《列帝圖卷》

閻立本是非常佩服張僧繇的、唐裴孝源的《貞觀公私畫史》就有過「閻師張，青出於藍」的話，可見張僧繇對他的影響特別深刻。現存的《列帝圖卷》，是畫的：劉弗陵（漢昭帝）、劉秀（漢光武帝）、曹丕（魏文帝）、劉備（蜀主）、孫權（吳主）、司馬炎（晉武帝）、陳蒨（陳文帝）、陳頊（陳宣帝）、陳伯宗（陳廢帝）、陳叔寶（陳後主）、宇文邕（後周武帝）、楊堅（隋文帝）、楊廣（隋煬帝）十三個封建主子的像。除了侍從人物，沒有背景。一般說，是採用了自顧愷之以來富於現實精神的傳神為主導，以緊勁的線條和適度的暈染方法，將每個封建主子的歷史生活和思想活動生動地刻畫出來。如畫曹丕，剛愎自負，「威嚴」之中而尚有咄咄逼人的氣概；畫陳叔寶，這位「風流天子」，好像舉起右手正準備拭眼淚，活活地刻畫出一副曾經荒淫無度到後來莫可奈何的樣子，足令觀者發笑；更入木三分的是畫那位迷戀揚州、死於揚州的楊廣，充分刻畫了他那好大喜功、勞民傷財應有的下場。

像這樣刻畫入微的描寫，是中國人物畫高度的卓越的成就。我們不要忘記這是七世紀（初唐）的作品，較之《女史箴圖卷》，因為兩者之間經過了三百年的發展，接受了許多新的營養的緣故，無疑是提高了一大步的。特別是《列帝圖卷》的

唐閻立本《列帝圖卷》（局部）

構圖和它的表現手法。若從主題看，《女史箴圖卷》是描寫了歷史上關於女性的故事和生活，《列帝圖卷》是刻畫了每一個不同人物的心理狀態並從而體現了不同的生活歷史，形式的構成和處理的手法是應該有分別的。《列帝圖卷》所描寫的十三人中，多數是立像，餘為坐像，各有侍衛（男的或女的）自一人至數人不等，但以兩人的為最多。侍衛的形象，略微小些，這決不能意味這是遠近的關係，而是作者意圖突出地強調主題人物的一種手法。這種「一主二從、主像大、從者小」的構成形式，我以為很可能是受了佛教雕刻「三尊像」的影響。例如最流行的「釋迦三尊像」，釋迦居中（主位），文殊、普賢也一般是被處理得較小些的。

此外《列帝圖卷》比較突出的一點是畫面上採用了一定程度的暈染方法，比較富於光的感覺，這是《女史箴圖卷》所沒有的。像陳頊（陳宣帝）一像（十二世紀起就有人認為這像是閻立本的真跡），整段的氣氛格外融合，衣服道具（扇、輿等），則適度地施以暈染，這也充分說明了表現技法的發展的痕跡和提高的程度。

多彩多姿的唐代人物畫

閻立本《列帝圖卷》的成就，在只有卷軸物可憑的今天，我們不妨看作是顧愷之以後中國繪畫現實主義傳統展進中的一個重要收穫，這個收穫對於東晉以後的發展看來，是相當的具有總結性質的。我們知道，唐代（六一八—九〇五）是當時世界上文化最發達的帝國，它繼續擴展了自隋代已開始發展的社會經濟，農業、手工業、商業和對外貿易，不斷有顯著的提高，增加了許多商業都市和新興的富商大戶。加上對外交通頻繁，外國商人也大量到中國來做買賣，於是都市生活的一面就恣意享受、貪圖逸樂，極盡豪華之能事。這樣，也就必然地刺激着文學藝術的變化。特別是所謂開元、天寶時代，已經達到了飽和狀態。從造型藝術之一的繪畫看，這個時代卻是有如滿月的成熟時代。

不妨先站在初唐前後來檢查一下。在人物畫（宗教畫佔着重要位置）方面，準備過渡到新的社會的是些甚麼呢？恐怕會出人意料的，它不是一成不變純粹以線為絕對主位的舊的形式，而是能夠吸取外來影響（主要是色彩）豐富和發展了的新的形式，因為時代變了，社會的關係變了，人民的生活變了，客觀的要求也隨着變了。所以只有新的富有創造性而又能反映現實的繪畫形式，被歡迎、被發展起來。作為既有的——即是繼承前期的，首先是梁的張僧繇重視色彩和暈染方法的形式，其次是北齊的曹仲達有關佛教繪畫的形式，前者大致影響着一般性質的繪畫，後者由於諸種宗教並存的唐代，曹仲達採取了印度笈多式雕刻的表現手法而移之於佛教的繪畫。在當時，前者稱為「張家樣」，以色彩為畫面的主要構成，它的極致，能夠發展到可以不利用線而只要色彩；後者稱為「曹家樣」，主要特徵是在人物的衣服，質軟而薄，緊緊地、稠迭地貼着豐腴的肉體和沒有穿甚麼的差不多。這原是印度笈多式佛像雕刻的特點而把它移之於繪畫的。所謂「曹衣出水」，就是指的這種新的繪畫形式（關於「曹衣出水」，歷來頗有異說，我認為應該是北齊的曹仲達而不應該是三國時代的曹弗興）。

「張家樣」和「曹家樣」在初唐看來雖是比較新的，但還不足以滿足日新又新的時代的需要。由於社會的變化和要求，偉大的畫家們面向現實又創造地發展了兩種畫風：一種稱為「吳家樣」，是吳道子從線的傳統發展而來的「吳裝」畫法；一種稱為「周家樣」，是周昉為了服務都市豪華生活而發展的「綺羅人物」和肖像畫。

這四家——張家、曹家、吳家、周家的樣式，色的、線的、宗教的和貴族的全備，於是組織成唐代人物畫的多彩多姿，成為傳統上健康有力而又富於現實精神的光輝階段。

吳道子是一位卓越的畫家，在中國繪畫史上是被稱為無所不能、無所不精的「畫聖」的。他所處的時代正當唐帝國的燦爛時期，客觀上這新的時代也就為他的發展準備了許多有利的條件。可是遺憾的是沒有遺留可信的作品。現藏日本傳為他的幾幅作品，如《送子天王圖》卷（東京山本悌二郎藏），就藝術——特別是線的感覺論，是有優點的，但值得研究的地方很多；《釋迦》《文殊》《普賢》三幅（京都東福寺藏）和兩幅山水（京都高桐院藏），問題就更多了。這並非說他沒有可信之作就貶低他在中國繪畫史上的重要性，這是另一回事情。因為就中國繪畫的創作、鑒賞和使用的形式說，整個唐代，基本上是屬於壁畫的時代，卷軸物還不是一般的普遍的形式。他一生在長安和洛陽畫了三百多間（幅）壁畫、卷軸作品，傳到唐末張彥遠撰述《歷代名畫記》的時候，卻只記錄了《明皇受籙圖》和《十指鍾馗》兩幅。

他給中國繪畫特別唐以後的中國繪畫以無比影響的是對於線的發展和提高。他認為應該根據不同的主題要求把畫面上的線提高到頭等重要的位置，色彩應該服從線，甚至不加色彩而只用墨線也可以獨立成畫——「白畫」。我們知道，漢晉六朝以來線的傳統，一般說雖是畫面構成的基本，但線的本身——如它的速度、壓力——卻還沒有如何考慮應該怎樣來予以充實和予以變化，例如顧愷之和閻立本。吳道子則不如此，他特別重視線的變化和力量，天才地把線發展成為一種富有生命、獨立而自由的表現。他認為繪畫的創作，線的速度、壓力和節奏的有機進行是傳達內容、情感的主要關鍵。相傳他每次作畫，往往把酒喝得醺醺然；又曾向當代大書家張旭學寫草字，更喜歡欣賞裴旻將軍的劍舞，目的都是為了幫助作畫時使線能夠活潑生動、變化多方。這樣，線的內容豐富了，線的效果也大大地提高了。資料中稱他畫中人物的衣飾，有迎風飄舉的感覺，我以為原因便在於線的變化，也便是所謂「吳帶當風」的真正意義。他曾說過：「於焦墨痕中略施薄彩，自然超出縑素。」這種保證墨線成為主要表現技法的形式，當時稱之為「吳裝」，即是「吳家樣」。它和張僧繇以色彩為主的「張家樣」，從發展看，本質上是並立的也是矛盾的。張僧繇是色彩的發展者，他是線的發展者；「沒骨」的畫法代表了色彩，「白畫」（白描）的畫法代表了墨線。

周昉是學於傑出的人物畫家張萱的。張萱在盛唐已負盛名，精於「鞍馬貴公子」，是一位善於描寫現實人物的畫家。所謂「鞍馬貴公子」一類的主題，實質是盛唐前後隨着政治、經濟的迅速發展而產生的新的題材和新的表現形式，和「綺羅人物」實際是一致的，都是為封建貴族、大地主和大商人服務的。宋趙佶（徽宗）

唐周昉《虢國夫人遊春圖》（局部）

摹過他的《虢國夫人遊春圖》（瀋陽東北博物館藏）和《搗練圖卷》（美國波士頓博物館藏）。兩畫都是描繪唐代貴族女性——前者是封建貴族的有閒生活，後者是勞動生活——的典型作品，也是中國人物畫現實主義的優秀作品。看那生氣充沛、健碩豐滿的女性們，前者是悠然地、得意地遊玩着，後者是緊張地、集體地工作着；但「渾身綺羅者，不是養蠶人」，豪華的氣氛，不啻是時代的寫照。

張彥遠評周昉：「初效張萱

唐周昉《簪花仕女圖卷》（局部）

畫，後則小異，頗極風姿。」（《歷代名畫記》）所以「周家樣」是張萱的延長和發展，我們只要看傳為他的名作《聽琴圖卷》和《簪花仕女圖卷》（瀋陽東北博物館藏），很容易理解他們的關係。但是在肖像畫，周昉是當時最稱拿手的。有一個小故事：郭子儀的女婿趙縱，曾先後請過韓幹（當時大畫家，以畫馬著名）和周昉畫像。一天，郭的女兒回家了，郭子儀就把韓幹和周昉兩幅畫像分別前後陳列起來，問女兒：「這是誰？」女對曰：「趙郎也。」又問：「哪一幅最像呢？」答：「兩畫皆似，後畫尤佳。」又問：「甚麼道理呢？」答：「前畫者空得趙郎狀貌，後畫者兼移其神氣，得趙郎情性笑言之姿。」（均見宋郭若虛《圖畫見聞誌》）這幾句問答，我想是值得玩味的。因為從郭子儀的女兒的答話裡，可以體會中國繪畫現實主義的高度表現，在「得趙郎情性笑言之姿」，同時也就可以了解周昉的作風何以能在當代起一定的影響，受到廣泛的歡迎。唐朱景玄在《唐朝名畫錄》中把他的地位列到僅次於吳道子，我以為是比較正確的。學他的人很多，如王朏、趙博宣兄弟、程修己等，主要是在肖像畫，因為唐代的肖像畫是特別發達的。還有一位「得長史（即周昉）規矩」（段成式《酉陽雜俎》）的李真，在中國的有關資料極少，除段成式在《酉陽雜俎》

提過一下，還沒有看到別的資料。但他在八〇五年（永貞元年）應日本弘法大師的請求，和十幾位畫家畫過《真言五祖像》五圖，「五祖」都是肖像，圖各三幅。弘法大師在八〇六年攜赴日本，現藏日本京都東福寺。其中《不空金剛像》一幅，可以稱得上是唐代肖像畫的代表作品，對於我們的理解唐代繪畫具有非常的價值，特別是「不空金剛」的神氣——就如上面所說的情性笑言吧——一千多年以前的創作還是栩栩如生（儘管影本與原作有出入）。唐代鄭符曾有過「李真周昉優劣難」的聯句詩（清陳邦彥等纂《歷代題畫詩類》卷一百十九），我們可以從「不空金剛」來體會周昉，從而體會整個唐代的人物畫，特別是肖像畫。

民族本色的宋代人物畫

五代的半個世紀（九〇七—九五九），從多彩多姿的唐代和成熟的宋代看來是一個重要的過渡時期。大約有三個主要的「渡口」，一是開封，二是成都，三是南京。由於中唐以後發展的許多中心地區的文化，開封、洛陽、長安不必說了，就是南京、揚州、福州、廣州，也有較高的發展。因此五代的文化活動就有了廣大的群眾基礎。作為造型藝術的繪畫，也就有了相應的發展。例如：各種畫體的分工，也更加明確起來了。大體說，開封是山水畫的中心，成都是花鳥畫的中心，而南京是人物畫的中心。同時，成都和南京還開始了「畫院」的設置，御用的專業畫家也逐漸加多了。

人物畫家在五代的表現是比較精彩的，原因是山水、花鳥還比較年輕，還正在借鑒人物畫現實主義的優秀傳統創造經驗。而人物畫家即以南唐而論，周文矩、高太沖、王齊翰、顧閎中諸家的造詣，無論從甚麼角度看，較之山水、花鳥確是高一等的。傳為周文矩的《琉璃堂人物圖卷》和傳為顧閎中的《韓熙載夜宴圖卷》（北京故宮博物院繪畫館藏），都是祖國的瑰寶，傑出的名跡。尤以《韓熙載夜宴圖卷》，繪影繪聲，發揮了中國人物畫高度的技巧。

宋代（九六〇——一二七九），特別是北宋中期（仁宗）以後，言心言性——理學的影響漸次代替了佛教，於是便有力地促成了繪畫藝術的迅速轉變和發展。就豐富的宋畫遺跡來看，它不同於唐畫，唐畫是賓主分明的；也不同於五代，五代是縱橫激蕩的。它唯一的特色是淨化了諸種外來的影響，出現了民族的本色風光，所以我認為宋代是中國古典繪畫的成熟時

五代顧閎中《韓熙載夜宴圖卷》（局部）

代。畫體方面，山水、花鳥由於正確地掌握並體現了現實主義的優秀傳統，已經可以和人物畫「分庭抗禮」，齊頭並進，這是唐代所沒有的。畫法方面，在既有的優秀傳統基礎上創造性地發展了不少的東西，主要的是寫生和水墨的重視。至於題材方面，範圍也擴大了。單就人物畫說，雖然道釋人物的題材，為了適應客觀的需要，還有相當數量的製作，但已一切中國化、真實化、生活化，創造了許多人民所喜愛的新的形象，例如有二十歲上下年紀的青年「羅漢」，也有少婦式的「觀音」。此外由於禪宗而盛行的祖師像（即肖像畫），宋代也有很不平凡的成就，典型的如張思恭的《不空三藏像》（日本京都高山寺藏）。

值得重視的是宋代畫院和宮廷收藏的影響。非常顯然，畫院培養了不少傑出的專業畫家，基本上繼承並發展了以寫實為基礎的現實主義的作風，從而提高了畫家們的業務。老實說，今天豐富的宋畫遺產，仍然是以畫院畫家的作品為主的。同時，我們也知道封建帝王的搜刮是不會放棄藝術品的，自宋代封建王朝的成立開始，不但各地的畫家們大部分集中服務於王朝，就是散藏各地的封建貴族、大商人、大地主手裡的書畫名跡，到了趙佶（徽宗）時代也做到了空前的集中，據《宣和畫譜》的著錄，就有六千餘件之多。雖然這些遺產可能真偽雜糅，卻曾在畫院的畫家們中起過一定的啟發作用。

宋代人物畫的另一特徵，是多數傑出的畫家重視現實社會風俗、生活的描寫。如蘇漢臣以描寫嬰孩的遊戲生活和貨郎擔（賣小孩玩具的擔子）得名，他這種熱愛兒童、關心兒童生活的感情，使他畫出來的小孩子，各個天真無邪、活潑可愛。他畫了不少的《貨郎

南宋李嵩《貨郎圖》

圖》，貨郎擔上的東西無所不有，都很真實地畫出來。我想，這種題材在當時是一種新的題材，從作者的思想感情而來的一種新的嘗試（以後的李嵩和元代的王振鵬、明代的呂文英都畫過《貨郎圖》。根據王振鵬的《乾坤一擔圖》看，真是富於現實精神的傑作）。特別重要的是南宋名畫家如李嵩、龔開等都畫過街談巷語、人民最樂道的水滸英雄。

在創作、鑒賞和使用形式方面，宋代也有顯著的變化。壁畫的形式，基本上已經不是一般的創作和鑒賞的主要形式。主要的形式是稱為卷軸的，或懸掛或展現，從使用的情況看來，較之唐代也大大提高了。南宋前後，紈扇（大約寬廣在一尺之內）與長卷又特別盛行，尤其是後者，使現實主義的創作和鑒賞得到了更有利的條件，即是說可以更好地為表現現實生活而服務。最為典型的長卷，在這裡我想談一下張擇端的《清明上河圖》卷（北京故宮博物院繪畫館藏）。

《清明上河圖》卷是描寫北宋首都的汴京（河南開封）清明日（俗為上塚的節日）那天的熱鬧景象——由城外到城內的一段繁華輻輳的場面。張擇端發揮了高度的現實手法和無比的藝術才能，完成了這一幅震驚世界的作品。原來南宋時代，《清明上河圖》卷是非常受人歡迎的，雜貨店裡都有賣，「每卷一金」（明李日華《六研齋筆記》），所以摹本極多，宋代以後直到清初，也不斷有人臨摹、擬寫。據張擇端原作上金大定二十六年（一一八六）張著的跋語，張擇端還有《西湖爭標圖》，極可能是一幅描寫臨安（杭州）風俗的創作，可惜此圖不傳。

《清明上河圖》卷的歷史價值，自不必論，在藝術上也是一件卓越的傑作。倘若有人懷疑中國繪畫現實主義的優秀傳統的話，那麼，我想請他親自鑒賞一番——除了訴諸目睹，是不會有其他辦法的。請他只看大橋左邊運河河面的一群船隻。隨便看過去，

宋張擇端《清明上河圖》（局部）

一共七隻船，有五隻先後地停靠在河的南岸（即圖的下方），其中一隻有幾個人從跳板上下，有兩隻正在行駛。我想光是這七隻船，我們就應該向這位偉大的現實主義的畫家張擇端致以崇高的敬意！五隻靠岸的顯然客貨已經上了岸，客人參加各種活動去了，船身的分量很輕，好似浮擺在水面上；最精彩的也是最使人佩服的是正在行駛的兩隻，一望而知為裝載很重，前船是幾個人在拉縴，後船有幾個人在搖櫓，特別是正駛在運河的轉彎處，一前，一稍後，都在走動着——永遠不停地走動着。有水上交通的頻繁，也有陸上交通的熱鬧，真是現實地體現了北宋盛時的首都面貌。據常識想，這樣現實地、生動地把複雜萬千的生活描寫在一幅二十五點五厘米乘五百二十五厘米的面積上，不但所謂科學的焦點透視的構圖方法辦不了，就是二十世紀的今天用航空照相也辦不到的。

長卷形式的特別盛行，說明了宋代繪畫的使用和鑒賞的發展。它是使用和鑒賞上一種特殊的「動」的形式，和壁畫、掛物等「靜」的形式具有本質的不同。這是中國偉大的畫家們天才地創造了和使用、鑒賞實際相結合的移動的遠近方法（曾有人稱之為「散點透視」的）。這種方法提高和擴大了現實主義表現的無限機能，使能夠高度地服務於場面較大、內容較複雜的主題。這樣就大大超越了過去的圖說式（大致如《女史箴圖卷》）或段落式（大致如《列帝圖卷》）僅具長卷形式的原始辦法，從而有可能不受空間（甚至時間）的限制，全面地同時集中地突出主題，為主題服務，使內容和形式生動地成為一個有機的藝術整體。

宋代人物畫的表現形式和技法的發展是多方面的。假使以畫院為中心，那麼圍繞這個中心的，比較突出的是線和色彩的淨化。於是產生了李公麟的白描（淡彩）人物和梁楷的減筆人物；這兩家風格上似和院體不同，但歸根結底，卻都是出發於現實主義的優秀傳統，是殊途而同歸的。

李公麟是畫史上最有成就也最有影響的一位畫家，不少的人說他是宋代第一位人物畫家。他繼承了特別是顧愷之、吳道子等優秀的線的傳統，綜合地、出色地開拓了新的畫面，發揮着高度的藝術才能，在人物的精神刻畫上，表現了又流麗又謹嚴而又具有強力的線條之美。他傳世的名作《五馬圖》卷，有人物也有動物，確是自現實生活中體驗得來，既有節奏，又富含蓄，讀之真令人如啖美果，如聆佳奏。他畫面上線的力量之發揮，謹嚴佳妙，可謂進入了最高境地。我們在這種畫面之前，的的確確感覺到色彩的濃淡、有無，實在不關重輕的了。

《五馬圖》卷是寫生的傑作，同時也是中國繪畫優秀傳統具體的表現之一，這是肯定的。畫面上的每一個人和每一匹馬，不只是形似地完成了人和馬的外貌，而是通過高度的洗練手法——概括和集中建立起來的真實、生動而又美的形象，這形象既真且美而又永遠是生動的。我想，只有既真且美而又生動的作品才是現實主義的作品。卷上有黃山谷的簽題和跋語，又有曾紆的長跋，他們

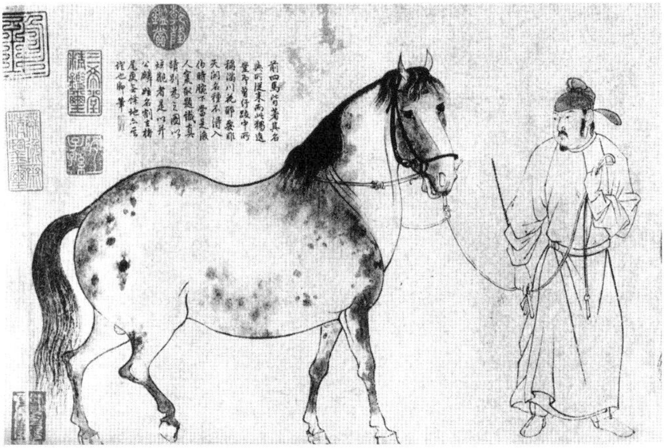

北宋李公麟《五馬圖》（局部）

都是同時的人。說他畫到五馬之一的「滿川花」（馬名）的時候，剛剛完成而馬死了。所以山谷說：「蓋神駿精魄，皆為伯時（李公麟字）筆端取之而去。」他還為黃山谷畫過《李廣奪胡兒馬挾兒南馳》的一幅畫，他畫的是李廣取胡兒的弓箭，擬着追騎，箭鋒和所指的人馬作了密切的呼應。這畫山谷大為歎賞。他卻笑着說：不相干的人來畫，當然畫「中箭追騎矣」。我想他的人物畫所以成為宋代的支配力量並給後世以嚴重的影響，不是沒有道理的。

至於減筆人物，嚴格地說，也是白描（淡彩）人物某種形式的發展。它的根源或深或淺的可能受着禪宗和理學的影響，是傾向於主觀描寫的。從表現形式和技法上說，特徵在於線的變化和線與水墨的變化，較之白描又是進一步的概括和進一步的集中，在創作的過程中，實在是最不容易掌握的一種形式。因為必須從不斷的實踐中逐漸地把許多不必要的甚至次要的筆墨予以無情的捨棄，只企圖掌握住主要的必不可少的東西而要求現實地、生動地體現物象的精神狀態。宋代人物畫家之中，如梁楷、石恪……都是獨樹一幟的。梁楷原是畫院中人，號稱「梁風（瘋）子」。他的傑作有《李太白像》《六祖截竹圖》《六祖破經卷圖》，是大家所熟知的，特別精彩的是《李太白像》。李太白是唐代一位有名的詩人，他的詩篇，為後世所傳誦。梁楷這幅傑作，以狂風暴雨、電光石火般的線（筆法）草草幾筆（全部衣服，大約只有四筆），卻畫出了面帶微醺彷彿與自然同化的天才詩人的思想氣質。

中國畫家是怎樣體現自然的

繪畫的問題，從表現的形式和技法看，老實說，不過是一個如何認識空間和體現空間的問題。在山水畫上，就是怎樣體現自然的問題。

前面所談的是中國繪畫現實主義傳統在人物畫方面的成就。由於人物畫——像曾經提及的那些傑作——一般地很少使用背景，道具也比較簡單，從而所構成的空間的問題不會怎樣大，所產生的問題也並不怎樣嚴重。山水畫則不然，我以為中國山水畫的發生所以較人物畫為遲，主要是這個空間的問題沒有得到適當的解決。遠的不談，典型的例子可舉《女史箴圖卷》「道應隆而不殺，物無盛而不衰……」的那一段，中作大山，岡巒重複，山上有各種鳥獸，山的左邊，一人跪右膝，舉弓作射翠鳥的樣子……從表現的技術說，這是全卷最失敗的一段。人物和山、鳥獸和人和山的比例，幾乎不能成立，無論如何，是富於原始性的。由此可見，四世紀當時，在人物畫特別是產生了像顧愷之那樣劃時代的大家，對人物的描寫有高度的成就，而對自然的描寫卻顯得非常不夠。

「江山如此多嬌。引無數英雄競折腰。」（毛主席《沁園春．雪》）中國人民是熱愛自然、歌頌自然的。偉大祖國的一山一水、一草一木都永遠是中國人民所熱愛、歌頌的對象。《詩經．小雅》：「昔我往矣，楊柳依依；今我來思，雨雪霏霏。」固然是情景並茂的描寫，而偉大的詩人屈原的作品則進一步地把自然結合了人民的思想感情，更豐富了自然內部的精神內容。如《橘頌》《九歌》都是千古常新的作品。如《橘頌》的「後皇嘉樹，橘徠服兮……淑離不淫，梗其有理兮」和《九歌．湘夫人》的「裊裊兮秋風，洞庭波兮木葉下」諸名句，兩千幾百年來，還一直為中國人民所喜愛、所諷誦。因此，偉大祖國的自然對於人民的精神生活，關係是密切的，影響是巨大的。只要看中國人民特別是勞動人民的心胸開闊、氣度豪邁，便不難得知此中的關涉。

繪畫是造型藝術之一，某程度地和文學具有密切的因緣，但從表現的形式看來，它們是有着基本的不同之點的。中國人民懷着無比的熱愛來觀照祖國的自然，而中國的畫家們也是懷着同樣的熱愛來體現祖國的自然。儘管顧愷之時代還是人物畫的時代，然有足夠的資料充分地證明顧愷之時代是已經企圖用繪畫的形式獨立地來描寫祖國偉大的自然之美的。他的《畫雲台山記》是一篇最完美的山水畫的設計書，今天倘若據以形象化，便可能是一幅動人的山水畫。這篇文字裡面，告訴了我們有關怎樣體現自然的若干極其重要的情況。這些情況，二十世紀的我們看起來是會驚異不迭的，非常值得珍視。例如：「凡天及水色，盡用空青，竟素上下以映……」天空和水面應該全用青（藍）的色彩塗滿它。這點，真是我們不能想像的，中國的山水畫，竟也畫天空和水面的嗎？但宋代山水畫的遺跡中卻還有保持這種作風的。又如「下為澗，物景（影）皆倒作」，應該畫出水中的倒影來。這些——儘管不全面，卻是從現實的觀照中得來——說明了傑出的畫家們是如何醉心於自然的觀察和體會，同時也說明了中國的山水畫，從來就是從真山真水出發，極富於現實的色彩。

由於中國人民對體現自然的迫切要求和畫家們的積極而富於創造性的努力，以後漸漸地在理論和實踐上初步地解決了若干具體的問題，即若干有關空間的認識和空間的體現問題。六朝劉宋(四二〇—四七八)時代,有宗炳和王微兩位畫家,他們各有論山水畫的文章一篇(宗炳的《畫山水序》和王微的《敘畫》,均見《歷代名畫記》卷六),都是創作完成了之後,總結經驗談談體會的意思。

他們酷愛祖國的山水,華嶽千尋,長江萬里,如何能用繪畫的形式去描寫它們呢?宗炳具體地説明了在繪畫的造型上是可以而且必須以小喻大的(即以大觀小),因為「迫目以寸,則其形莫睹,迥以數里,則可圍於寸眸」;這是「去之稍闊,則其見彌小」的緣故(宗炳《畫山水序》)。王微則殊途同歸地從線的傳統出發,認為畫家的「一管之筆」是萬能的,可以「擬太虛之體」,可以「畫寸眸之明」(王微《敘畫》)。他們明確地對山水畫提出的要求是「暢寫山水之神情」,即要求體現自然內在的精神運動和雄壯美麗而又微妙的含蓄,認為這才是山水畫主要的基本的任務,而不是「案城域,辨方州;標鎮阜,劃浸流」似的畫地圖。由此可見,中國山水畫的發展自始就是妙悟自然富於現實精神的藝術創造,而不是單純地訴於視覺的客觀的描寫。必須如此,才可能「咫尺之內,便覺萬里為遙」(《南史·蕭賁傳》),和中國人民偉大的胸襟相應和。

「人間猶有展生筆，事物蒼茫煙景寒」（宋黃山谷題展子虔煙景，《珊瑚網》下，卷一）。我們萬分幸運，解放後由於黨和政府重視民族遺產，看到了傳為六世紀隋代展子虔《遊春圖》的春意盎然的絢麗畫面和精細描寫。這一流傳有緒的名跡，雖還不是沒有可供研究之處，但它的出現，就算摹本吧，也解決了不少山水畫上的重要問題。特別是關於中國山水畫青綠重色的系統淵源，我們不再會相信明末董其昌輩所說的那樣，甚麼「北宗」「南宗」地抬出唐代李思訓來做王維的陪客而平分秋色，各「祖」一「宗」。我們可以通過《遊春圖》正確地來理解青綠重色的山水畫是發展於重視色彩的六朝時代，和人物畫的關係是特別密切的。展子虔原是一位精於畫

隋展子虔《遊春圖》

建築物的畫家，空間的掌握已高人一等。所以《遊春圖》的表現，在寬闊、浩渺的兩岸，遠近的關係處理得相當完善，從彼岸來的遊艇，比例也相當合理，看去十分自然。這就足以證明中國的山水畫發展到了隋代，對於怎樣體現自然的問題，肯定地說，是獲得初步的解決了。

八世紀中葉，即以開元、天寶時代為中心的唐代，在中國的造型藝術史上是可以看作分水嶺的。山水畫在這個時代的飛躍發展，可以完全理解為必然的發展。當然，應該注意到唐代繪畫的主流還是人物畫，好像十五夜的月亮那麼飽滿的也還是人物畫。可是山水畫，由於它是新興的畫體，生氣勃勃，創作者和鑒賞者（壁畫已有山水的題材）都在高速度地走向祖國的自然。

盛唐時代李思訓、吳道子先後圖畫嘉陵三百餘里山水於「大同殿」壁，是一幕精彩的表演，也是一個富於啟發性的故事。四川省嘉陵江的風景，雄壯美麗，變幻多姿，是極其動人的。難怪李隆基（玄宗）滿意地說：「李思訓數月之功，吳道子一日之跡，皆極其妙。」（朱景玄《唐朝名畫錄》，《佩文齋書畫譜》卷四十六引）這話怎樣解釋呢？我以為是容易理解的。吳道子是中國繪畫線的發展者，像他表現在人物畫那樣；而李思訓（和他的一家人）則以「丹青」擅長，以色彩為主要的表現，所謂「金碧輝映，自成家法」，實際是展子虔式青綠重色山水的發展。一個崇尚筆意，一個崇尚色彩，一個疏略，一個精工，自然而然地會產生「一日之跡」和「數月之功」的不同結果。這就是張彥遠所說的「若知畫有疏密二體，方可議乎畫」（張彥遠《歷代名畫記》卷二《論顧陸張吳用筆》）。雖然這不一定是指山水畫而說的。

原來線和色彩本是人物畫傳統中兩種不同的路線，反映在山水畫方面也就形成了不同的發展，像吳道子的對於線和李思訓的對於色彩。但被後世視為較典型的同時給後世山水畫以巨大影響的則不能不推詩人兼畫家的王維（在這裡我必須再三地聲明幾句：中國山水畫是沒有所謂「南北宗」的，王維也絕不是甚麼「南宗」畫祖。這是明、清之際，一班地主、士大夫階級的「文人」畫家模仿禪宗的形式而憑空杜撰的。他們的目的在攻擊從真山真水出發即以自然為師的山水畫家和山水畫，莫是龍、陳繼儒和董其昌諸人是「始作俑者」。但我們應該承認王維對山水畫的發展特別是和文學相結合這一點上有特殊的積極的影響）。他的創作，加強了繪畫和文學的聯繫，從而更擴大和豐富了山水畫的精神內容。雖然在現在他和李思訓、吳道子一樣沒有可信的作品遺留。蘇軾（東坡）曾說過：「味摩詰（王維字）之詩，詩中有畫；觀摩詰之畫，畫中有詩。」他這樣有機地把文學和藝術結合起來，在中國繪畫史特別是中國山水畫史，實在是一件大事情。對李思訓、吳道子說來，又大大地邁進了一步。

經過殘唐而進入五代，山水畫得到比較滿意的收穫。傑出的山水畫家荊浩，曾經寫生過太行山的松樹「凡幾萬本」，才認為「方如其真」。在他有名的《筆法記》中，一再地把「真」和「似」明確地區別着解釋着，他認為「真」是形象真實同時又有氣韻，應該「氣質俱盛」的，而「似」則僅僅是「得其形，遺其氣」的形似。他要求山水畫不只是映於眼簾的山水外形的描寫，而是通過正確、生動的形象來傳達山水的精神內容。他批判了「執華為實」空存形象的作品，也批判了「花木不時，屋小人大，或樹高於山，橋不登岸」遠近關係處理錯誤違反真實的作品。他對於山水畫，一方面要求不斷地寫實，一方面更要求「圖真」，像他畫松樹那樣，通過長期不斷地寫實，才能「貴似得真」的。他主張「畫有六要」

（即山水畫的創作，有六個必要的條件）——氣、韻、思、景、筆、墨——而歸之於「圖真」。我們初次看到了「思」和「景」是山水畫的必要條件。同時也看到了「墨」成為「六要」之一。「六要」較之「六法」，也像山水畫較之人物畫一樣是發展的、進步的。因此，五代的幾位山水畫家，如荊浩、關仝、董源、巨然，從傳為他們的許多作品看來，我們應該承認他們對於自然的體現，在隋唐的基礎上又積累了許多寶貴的經驗和掌握了若干實際

五代荊浩《雪景山水圖》

可行的表現方法，大體說，是比較成熟的。

從相當豐富的五代山水畫遺跡（大部分雖是傳為某家的）研究，「三遠」——高遠、深遠、平遠——的方法，毫無疑義是中國山水畫卓越的天才的創造。這樣來處理畫面上的空間——遠近的關係，實在是體現自然唯一合理而正確的道路，也是現實主義傳統的表現形式和技法道路。人在大自然中，除了平視，不外是仰觀和俯察，「三遠」的方法，恰恰就很完整地具有這些內容。宋代有一位山水畫家郭熙，曾經明確地解釋過「三遠」，他說：「山有三遠：自山下而仰山巔，謂之高遠；自山前而窺山後，謂之深遠；自近山而望遠山，謂之平遠。」（郭熙《林泉高致》，《佩文齋書畫譜》卷十三）「三遠」的方法不僅僅是單純地解決了空間關係的基本問題，重要的還在於以此為基礎發展並解決了許多使用和鑒賞形式的問題，亦即如何更好地表現主題的問題。我們了解，直幅和橫幅，一般的橫幅（所謂橫披）和長卷，它們的處理方法是不同的。特別是長卷的形式，徹底地說，它的空間關係，是以「三遠」為基礎同時又是「三遠」綜合的發展。像前面所談到的《清明上河圖》卷，作為山水畫看，也是可以的。若機械地使用「三遠」的遠近方法，決不濟事，必須靈活地融合創作、鑒賞的實際為一體，一切為主題服務，才能夠把大千世界變為現實主義的藝術品。

郭熙曾經具體而嚴肅地號召山水畫家一切向「真山水」學習，要畫家們走到自然中去，這是中國山水畫發展的基礎。他認為只有不斷地從真山水觀察、體會之中，然後「山水之意度見矣」。所謂「意度」，當然不是指的「以形寫形、以色

北宋郭熙《早春圖》

貌色」的客觀描寫，而是指的作者的思想感情和自然的融合乃至季節、朝暮、晴雨、晦明……諸種關係的總的體現。同時，這總的體現又必須是內容和形式高度的一致。他說，「遠望之以取其勢，近看之以取其質」，因為山水是「每遠每異」「每看每異」的，「山近看如此，遠數里看又如此，遠十數里看又如此……所謂山形步步移也。山正面如此，側面又如此，背面又如此……所謂山形面面看也」。他要求山水畫須具有「景外之意」和「意外之妙」（以上引文均見《林泉高致》），即是山水畫必須賦自然以豐富的內容，同時又必須賦自然以真實、生動的形象。

因為山水畫在宋代有了很大的發展，它的成就是空前的。自此以後一直到清代，它的發展的道路基本上是循着現實主義的優秀傳統前進的。雖然元代開始了以水墨為主流的局面，清代形式主義的傾向也以山水最為嚴重；可是，也有不少傑出的山水畫家對形式主義的傾向進行了堅決不懈的鬥爭。他們堅持並繼承了向真山水學習的優良傳統，反對陳陳相因地臨摹古人。

水墨、山水的發展

自董源把「淡墨輕嵐」的作風帶到了宋代，以李成、郭熙、范寬、米芾、李唐、牧溪、瑩玉澗、李嵩、馬遠、夏圭……諸家為代表的山水畫，既繼承並淨化了色彩絢爛的優良傳統，也發展和提高了水墨渲淡的表現，不少優秀的遺跡，還充分地證明了色彩和水墨的高度結合。一般說，墨在山水畫上就慢慢顯得重要並逐漸地發展起來，使得中國繪畫的面貌開始起了新的變化。李成的「惜墨如金」，就充分說明了他對墨的理解和對墨的重視。同時，這「惜墨如金」的過程，也就是畫家高度洗練——概括和集中的過程。韓拙也說過「山水悉從筆墨而成」，這話等於說山水畫是由線條和水墨構成的。可見宋代特別是南宋時代的山水畫，水墨的基礎是相當鞏固的。傑出的馬遠和夏圭，就水墨的美的發揮來說，他們卓越地做到了淋漓蒼勁、墨氣襲人的地步。

水墨山水畫是萌芽於多彩多姿的唐代而成熟於褪盡外來影響的宋代，特別是南宋時代，是一種甚麼力量影響着支持着它們呢？換句話，它們又反映了些甚麼呢？據我膚淺的看法，宗教思想的影響主要是禪宗的影響，增加了造型藝術創作、鑒賞上的主觀的傾向，而理學的「言心言性」在某些要求上又和禪宗一致，着重自我省察的功夫，於是更有力地推動了這一傾向，如宋瓷的清明澄澈，不重彩飾。這是比較基本的一面。另一面，還在於中國繪畫傳統形式和技法的本身存在着相當嚴重的矛盾。基本上是由線而組成的中國繪畫，色彩是受到一定的約束的，色彩若無限制地發展，無疑是線所不能容忍的，像梁代張僧繇所創造的「沒骨」形式，雖然有它一定的進步意義，而結果只有消滅線的存在。張彥遠說：「具其彩色，則失其筆法。」（《歷代名畫記．論畫六法》）又說「運墨而五色具」（《歷代名畫記．論畫工用拓寫》）。因為色彩的發展變成為對線的壓迫，所以唐代吳道子便提出了一套辨法向色彩作猛烈的鬥爭。他處在張僧繇、展子虔、李思訓諸家青綠重色的傳統氛圍之中，高舉着「焦墨薄彩」的旗幟，立刻獲得廣大群眾的支持，稱譽他是「古今獨步，前不見顧、陸，後無來者」（張彥遠《歷代名畫記》卷二，《論顧陸張吳用筆》）的

「畫聖」。這一場鬥爭，肯定了吳道子的勝利，同時也肯定了線和墨的勝利。中國繪畫為甚麼不走西洋繪畫那樣，單純依靠「光線」「色彩」來造型的路線，而堅決地保持着以線為主，理由就在這裡。

唐末五代，當線和色彩的矛盾尚未很好地得到一致的時候，墨又以新的姿態隨着山水畫飛躍的發展加入了它們的鬥爭，於是色彩的發展就不僅僅是威脅着線同時也妨礙了墨。加以工具、材料，宋代有了很大的改進和提高，特別是紙的廣泛使用，紙碰上了墨，它的內容就越是豐富了。換句話說，水墨性能的高度發揮，有了客觀的基礎。通過米芾、米友仁父子，牧溪，瑩玉澗，馬遠，夏圭為首的諸大家們創造性的努力，在作者和鑒賞者的思想意識中，在廣大的讀者中，幾乎是墨即是色，色即是墨。所以水墨、山水便有足夠的條件順利地經過「不平凡」的元代而成為中國繪畫傳統的主流。

因此，我認為水墨、山水的發展，是辯證的發展。

元代（一二八〇——一三六七）是外族侵佔、整個社會生產陷入衰微的時代。在這樣的時代裡，漢人遭受了空前殘酷的外族統治。作為意識形態之一的造型藝術的繪畫（它的內容和形式），向何處走呢？從時代看，趙孟頫（子昂）是一位過渡性的人物，他是封建貴族，竭力鼓吹復古，認為繪畫應該以唐、宋為師。董其昌曾恭維他的《鵲華秋色圖卷》說「有唐人之緻而去其纖，有北宋之雄而去其獷」，可是絕大多數的畫家不是「開倒車」的保守主義者，連他的外孫王蒙也不感覺興趣。他們認為繪畫應該抒發自己的感情和意志，所以形式則採取水墨淡彩，內容則最親切的是山水。後世稱為元代四大家的黃公望、王蒙、倪瓚、吳鎮，全是水墨畫家，同時是山水畫家。

元代封建主子對南宋人民特別是以臨安（杭州）為中心地區的人民，是恨之入骨的，給予了難以想像的殘酷待遇。同時分「蒙古人」「色目人」

元趙孟頫《鵲華秋色圖卷》（局部）

「漢人」「南人」(指黃河以南及南宋遺民)四種人,而南人是最低的一等。元代——代表時代的——四位畫家,都是距長期反抗外族的中心臨安(杭州)不遠的「南人」(黃是常熟人,王是吳興人,倪是無錫人,吳是嘉興人);他們在繪畫上所以會產生劇烈變化,我想是容易理解的。山水畫的頭等任務,原是描寫我們可親可愛、可歌可頌的偉大的祖國河山,當外族施行殘酷統治的時候,誰不仇恨河山的變色,誰不愛護自己的田園廬墓。反映在他們的畫面就必然是採取水墨、山水的道途。

山水畫的卓越成就

明代王世貞曾說過：「山水：大小李（唐李思訓、李昭道父子），一變也；荊、關、董、巨（五代荊浩、關仝、董源、巨然），又一變也；李成、范寬（北宋），又一變也；劉、李、馬、夏（南宋劉松年、李唐、馬遠、夏圭），又一變也；大癡、黃鶴（元黃公望、王蒙），又一變也。」（王世貞《藝苑卮言》）我認為在某種意義和某種程度上說，這段話是相當符合中國山水畫發展的真實情況的。

根據現存的傳為展子虔《遊春圖》的卓越成就，我們似乎沒有理由懷疑李思訓、吳道子在「大同殿」壁所畫嘉陵山水的時代意義，雖然今天僅僅空存着文字資料。王維是沒有到過四川的，他晚年住在陝西藍田的輞川，最愛那「漠漠水田飛白鷺，陰陰夏木囀黃鸝」的積雨，和「返景入深林，復照青苔上」的斜陽，可惜的是「清源寺」輞川山水的畫壁，早已無存。不然的話，這位詩人兼畫家的大師傑作當為唐代中期中國山水畫生色不少。

董源是「淡墨輕嵐」的發展者，畫的都是建康（南京）附近諸山，和他的弟子巨然，都精於表現光，尤其是江南水鄉的氣氛，這是中國山水畫最困難、最可珍的一件事情。所謂「江南董源僧巨然，淡墨輕嵐為一體」（宋沈括《圖畫歌》，《佩文齋書畫譜》引），我看多半指的是這一點。傳為他的《平林霽色圖卷》，據我看來便是「一片江南」的充分證明。

粗粗地說來，中國北部山嶽，多為黃土地帶的岩石風景，樹木稀少，和長江流域特別是長江的中下游不同。我們看宋代郭熙、李成、范寬和李唐的山水畫，和董源的作品比較一下，他們所描寫的多是四面峻厚、充滿着太陽光的乾燥的北部山嶽，和董源《平林霽色圖卷》草木蔥蘢、擁翠浮嵐的山水有着基本的不同（李成所以工寫寒林窠石，是有道理的）。郭熙曾概括地提出過幾座北方名山的特徵，說「嵩山多好溪，華山多好峰……泰山特好主峰」（宋郭熙《林泉高致》），可見北方的山水是以峰巒見勝。但南部特別如揚子江中下游的山水，卻和北部不同，崇山峻嶺比較少，一般說是平疇千里、茂林修竹；山水畫上是最適於橫卷形式和平遠構圖的。

在宋代山水畫獲得普遍重視的形勢下和山水畫家積極地勞動之下，以平遠為基礎的山水描寫有了較突出的表現。我認為這種發展是比較正確的比較科學的。最工平遠山水的宋迪創造了八種主題，即「平沙落雁、遠浦歸帆、山市晴嵐、江天暮雪、洞庭秋月、瀟湘夜雨、煙寺晚鐘、漁村落照，謂之八景」（宋江少虞《皇朝事實類苑》，《佩文齋書畫譜》卷五十引），大大豐富了平遠山水畫的主題，並啟發了不少的山水畫家。請看看八景的畫題，不難想像宋代山水畫家們的表現能力和藝術成就到了甚麼境地。原因之一，是宋代的畫家不像後世——特別元代以後——的分工那樣孤立，至少是人物、山水，或山水、花鳥各體並精的，所以能夠產生並發展像八景那樣所描寫的景色（從時間說，「山市晴嵐」之外幾乎全是下午六點鐘以後）。這是一件簡單的玩意兒嗎？老實説，中國繪畫的工具和材料，今天講來，還是很不夠，它們的性能，還是有一定的局限的，可是畫家們高度的智慧和藝術修養，卻是無限。宋畫——尤其山水畫的畫面，都是美的原動力的集中，動人心脾的佳構。

米芾和他兒子友仁的山水畫，在中國山水畫的發展中是別樹一幟的。所謂「米家山水」給我們的印象是善於表現風雨迷蒙的景色，峰巒樹木多半由「點」而成。這種畫法，有不少人懷疑它，甚至譏諷它，所謂「善寫無根樹，能描懵懂山」（明李日華《六研齋筆記》），你看，真的山水中哪有甚麼一點一點的?! 我們可以分別來談談，首先我們應該肯定米家山水的表現是有一定的進步意義的，例如關於「雲」（或水）的描寫，它打破了像工藝圖案那樣用線條表現雲的輪廓而採用比較接近自然的水墨渲染的方法，這在當時，實在是一種新的表現方法。其次，他們的畫面並不是完全由點來構成，實際是輪廓、脈絡非常真實，非常清楚，「點」（即所謂米點）只是用來表現一定程度的水分的。同時，他們又善於用綠、赭、青、黛諸種色彩，如米芾的《春山瑞松圖》，的的確確就是春山。他們這種表現的技法的形成，無疑是由於真山水的啟發。就米芾說，他曾久居桂林，而「桂林山水甲天下」，很可能是由於桂林山水的影響。他四十歲以後才移住鎮江，北固、海門的風景又和桂林相彷彿。他自題《海嶽庵圖》——是他最得意的作品之一——說「先自瀟湘得畫境，次為鎮江諸山」，可見桂林的風景是他印象甚深、念念不忘的。董其昌曾攜米友仁的《瀟湘白雲圖卷》遊過洞庭湖「斜陽蓬底，一望空闊。長天雲物，怪怪奇奇，一幅米家墨戲也」（明董其昌《容台集》，《佩文齋書畫譜》卷八十三引）。

趙令穰、趙伯駒、王希孟諸家的青綠重色的山水，發展了從展子虔、李思訓、李昭道以來的以色彩為主的優秀傳統。特別是趙伯駒那一手處理大場面的本領（人物和山水），畫史上是少見的。他的《江山秋色圖卷》（故宮博物院繪畫館藏）和王希孟的《千里江山圖卷》（故宮博物院繪畫館藏），都是較突出的典型作品。他們體會了祖國錦繡河山的雄壯美麗，氣象萬千；傳到千百年以後的今天，水光山色還是那樣青翠欲滴。質重性滯的礦物性的

北宋趙伯駒《江山秋色圖卷》

顏料，控制得那麼調和，真叫人佩服得五體投地。尤其值得注意的是天空和水面，兩幅全用青的顏色（類似「二青」）描繪而成。這樣的表現，前面曾提到的顧愷之《畫雲台山記》中，已經有過同樣的設計。可見他們是一面繼承了優秀的傳統，一面更結合着深入的觀察，在高度的技術之下表現了驚人的業績。

馬遠、夏圭是成長於杭州（臨安）的畫家，大致說，他們山水畫面上描寫的主要對象是杭州附近的山水。由於他們主要的表現形式是以水墨蒼勁為主，在當時還是一種比較新鮮的作風。他們的畫往往一幅之中近景非常突出，聚精會神地加以處理成為畫面最主要的部分，也是最精彩的部分；而遠景則較輕淡地但極其雄渾地使用速度較高壓力較大的線、面來構成；因此畫面的感覺特別尖銳、明快而又富於含蓄。馬遠的《寒江獨釣圖》，是一件小品而為舉世稱賞的，廣闊的天地間，僅有一葉扁舟，我們絕不覺得單調，相反的使人有浩浩蕩蕩、思之不盡的境界。《長江萬里圖卷》是傳為夏圭的真跡，也是世界性的名作，由於它的規模驚人（這是指的前故宮博物院所藏的那一幀），給人的印象是特別深的。這幅偉大的作品，和前面曾經提過的張擇端的《清明上河圖》卷，有幾點是共同的。從它們的使用形式看，都屬於長卷形式，從它們的內容看，都是南宋時代人民所深切關心的「汴京是故都，長江即天塹」的問題。因此，兩幅作品的摹本特別多（據厲鶚《南宋院畫錄》，夏圭《長江萬里圖卷》就有多種不同的本子），這充分說明了南宋時代廣大人民是愛好描寫他們最關心的現實內容的作品的。就《長江萬里圖卷》看來，這個主題的創作，並不自夏圭開始，據文獻資料，夏圭所作也並非實境的描寫（話是這麼說，自然主義者坐飛機去畫，也不可能的），他是繼承了過去山水畫大師們熱愛祖國河

南宋馬遠《寒江獨釣圖》

山的優秀傳統——巨然、范寬、郭熙都畫過《長江萬里圖》——發揮現實主義手法，結合愛國人民的思想感情，經營成圖的。原作大約成於紹興（一一三二——一一六二）年間（可能不止一本），那時正當和議已成，封建統治階級認為「天下太平」的時候。所謂「太平」就是指金人的鐵蹄不會渡過長江來，因為長江是「天險」，是封建統治唯一的安全線，那麼夏圭的奉命而作不是沒有原因的，「良工豈是無心者」，「卻是殘山剩水也」（鍾完《題夏圭長江萬里圖》，見郁逢慶《續書畫題跋記》）。

南宋亡於一二九七年，趙孟頫在一三〇三年（大德七年）畫了一幀《重江疊嶂圖》（前故宮博物院藏）。所謂《重江疊嶂圖》仍以表現所關懷的長

元趙孟頫《重江疊嶂圖》

江為主要內容。我們一讀元代虞集「昔者長江險，能生白髮哀」的兩句題詩，對這位充分暴露了封建貴族弱點的作者，真是不無感慨繫之。在繪畫上，趙孟頫原是一位不只以山水見稱的畫家，他的人物和畫馬都負盛名。雖然如此，但也遺留了描寫山東境內有名景色的《鵲華秋色圖卷》。

黃公望是一位對後世山水畫影響最大的畫家，常常攜帶紙筆到處描寫怪異的樹木，認為如此才「有發生之意」（元黃公望《寫山水訣》，《佩文齋書畫譜》引）。他久居富春山，創作了有名的《富春山居圖卷》。這幅畫，在清朝曾因「劉本」（明代劉珏所藏）、「沈本」（明代沈周所藏）的不同，傷過乾隆的腦筋，可是兩本都着重地刻畫了江山釣灘之勝和富春江出錢塘江的景色。現在我們倘若過錢塘江乘汽車到金華去，憑窗而望，西岸的山水就極似他的筆墨。傳世的名作，除《富春山居圖卷》外，還有《江山勝覽圖》《三泖九峰圖》和《天地石壁圖》，都是從實景而來的傑作。

王蒙的畫本，則在杭州迤東的黃鶴山。黃鶴山從天目山蜿蜒而來，雖不甚深，而古樹蒼莽，幽澗石徑，「自隔風塵」（日本，紀成虎一《宋元明清書畫名賢詳傳》卷二）。他是倪瓚最佩服的一位畫家，「王侯筆力能扛鼎，五百年來無此君」（倪瓚《題王叔明岩居高士圖》），沒有再可說的了。董其昌曾在王蒙的《青卞隱居圖》（現藏上海市文物管理委員會）寫上了倪瓚的詩，並題為「天下第一王叔明」。這幅畫的樹石峰巒，充分地表達了自然的質感，而又筆筆生動，圖畫天成。我常常想，他和黃公望的作品，為甚麼能夠統治以後為數不少的山水畫家而成為偶像？實在不是偶然的。

倪瓚和吳鎮，從他們的作品論，使人有「不期而至，清風故人」之感。特別是倪

元王蒙《青卞隱居圖》

元倪瓚《溪山圖》

瓚，他在中國畫史上也是別樹一幟的。他畫山水極少寫人物，而所寫的又多是平遠的坡石，枯寂沖淡，寥寥幾筆。我們不必研究他為甚麼如此畫，只看他自己坦然説過的「余之畫不過逸筆草草，聊以寫胸中逸氣耳」，便不難從這幾句話裡去索解。他是生於元代（一三〇一，大德五年）而死於明代（一三七四，洪武七年）的人；明初的元傑題他的《溪山圖》有兩句詩可以幫助我們的理解，即「不言世上無人物，眼底無人欲畫難」。以他這樣的一位山水畫家，只有擺在正確的歷史觀點上才有可能給予正確的評價，難怪明代以後不少的畫家們形式主義地來學他都碰了壁了。吳鎮的作品，某點上是和他不同的，也是和黃公望、王蒙不同的。但他的山水畫特點在於表現了一種空靈的感覺，空氣中好像水分相當濃厚，真是「嵐霏雲氣淡無痕」（倪瓚《清秘閣全集》卷七《題吳仲圭山水》）。他是嘉興人，有名的南湖煙雨，若說絲毫沒有關係，恐怕是不現實的。他又最喜歡也最精於墨竹，墨竹是中國繪畫傳統中具有特殊成就而且是人民所喜聞樂見的一種繪畫，就他的墨竹作品來看，很少畫敗竹而多是欣欣向榮、生氣甚盛的新竹。有句老話是「怒氣寫竹」，我以為在他說來，這句話的解釋，一半屬於形式、技法，重要的一半，還應該屬於思想感情。

隨着元代水墨、山水的發展，中國繪畫的整個面貌也隨着起了相應的變化。如大家所周知的，宋代以前的繪畫，一般是不加題署或是僅僅在樹石隙處題署作者的姓名和製作的時間。到了元代，由於現實的影響使作者不能不進一步提出更高的要求來，因而畫面上所體現的，不只是孤立的形象，而是——必須這樣——繪畫、文學（詩、跋）、書法有機的——一個內容極其豐富的所謂「三絕詩、書、畫」的藝術整體。這任務，元代是勝利地完成了的。四家都是精於詩而同時都是善於書法的，突出的如倪瓚，如吳鎮（黃公望、王蒙這方面自也有深邃的造詣，比較的，倪、吳在這方面的影響較巨），他們的詩和他們的書法，都是和他們的繪畫不能分開的。這種把和繪畫具有血肉關係的文學、書法，作為一個完整的藝術品來要求來創作，使主題思想更加集中、更加突出和更加豐富起來，應該是中國繪畫優秀傳統的特殊成就。明、清以後，又有新的發展，在繪畫、文學（詩、跋）、書法之外，還要加上篆刻印章，就是「四絕」了。

明代（一三六八——一六四三）初葉以後，大抵仍是屬於所謂「文人畫」的範疇。沈周、文徵明、唐寅、仇英四家，除仇英的技術系統是工筆重色，系統繼承宋代而外，其餘都是以水墨為主的。同時，也基本上開始了以「卷軸」為師——即盲目追求古人的傾向。雖然，文、沈、唐、仇四家，毫無疑問，他們是各有千秋的。

明末清初之際，中國山水畫形式主義的傾向開始嚴重起來，如上所述，畫家們所追求的是前人的作品而不是現實的真山水了。「四王」（王時敏、王鑒、王翬、王原祁稱四王）的所以形成也說明了一定的情況。這並不等於說中國繪畫的現實主義傳統從此中斷，不過它們的發展遭受到形式主義者們的嚴重阻礙，卻是無可爭辯的事實。我們知道，有不少的畫家向形式主義者進行了頑強的鬥爭；有不少的畫家雖在嚴重的形式主義的影響裡，仍然堅持着優秀的現實主義傳統，努力地進行創作，而留下了不少精彩的重要作品。

明初有位以畫華山得名的畫家王履，他在《華山圖序》（現藏上海市文物管理委員會）裡很尖銳地批判了所謂「寫意」（主要是山水畫家），說：「意在形，捨形何所求意？故得其形者，意溢乎形，失其形者，形乎哉？畫物欲似物，豈可不識其面？」（王履《華山圖序》，《佩文齋書畫譜》卷十六引《鐵網珊瑚》），這是針對盲目的打倒形似、追求「寫意」的惡劣的形式主義傾向而提出的。像他畫華山：「……苟非識華山之形，我其能圖耶？」（同上）他這樣堅持從現實出發來畫華山是正確的，可是形式主義的傾向明初已經抬頭，所以他在「序」的最後好似指着《華山圖》厲聲地叫着：「以為乖於諸體也，怪問何師？余應之曰：吾師心，心師目，目師華山！」

明末清初傑出的山水畫家很多，如梅清、石濤的描寫黃山，蕭雲從的描寫太平山水，都在中國山水畫史上貢獻了精彩的一頁，特別是石濤對形式主義者的鬥爭是值得大書特書的。他看不起當時一班陳陳相因、亦步亦趨的畫家，在他的題畫詩跋和《苦瓜和尚畫語錄》中常常痛快地罵他們一陣。他認為繪畫（筆墨）是應當追隨現實（時代）的，傳統（古）是必須變（化）的。可惜保守的人太多了。拿石濤的話說，真是「具古以化，未見夫人也」（石濤《苦瓜和尚畫語錄》，前江蘇國學圖書館藏稿本，下同）。傳統（古人）是要學習（師）的，卻萬萬保守（泥而不化）不得。他無限感慨地說道：「古人未立法之先，不知古人法何法。古人既立法之後，便不容今人出古法。千百年來，遂令今人

清石濤《黃山圖》（局部）

不能一出頭地也。師古人之跡而不師古人之心，宜其不能一出頭地也。冤哉！」這一段話不啻為形式主義的畫家們寫照。確中「冤」得很。他最愛遊山水，尤愛黃山的雲海，「黃山是我師，我是黃山女」是他題《黃山圖》的起句。中年以後多在揚州，甘泉、邵伯一帶的景色，也往往對景揮毫收之畫本。他的作品上有一顆最常見的印章，刻着「搜盡奇峰打草稿」七個字。

太平天國革命軍隊是一百年前（一八五三）三月十九日解放南京的。一九五一年南京堂子街發現了太平天國某王府的壁畫約二十幅，這些壁畫是以水墨淡彩的方法畫在石灰壁面上的。有花鳥、走獸而以山水較多。山水畫壁中，有一幅以「望樓」為主題，把當時革命軍事上重要的建築物（望樓）矗立在長江的南岸作為全畫的中心，江邊上畫了許多軍用的船隻，船檣上飄着太平天國的旗幟，江中還畫了三隻船，扯滿了篷順風向下游駛去；充分體現着革命秩序的穩定和革命首都的鞏固。這是一幅偉大的現實主義作品，使我們認識到中國繪畫的現實主義傳統一旦和解放了的人民結合起來便會發出萬丈光芒。同時也使我們認識到只有解放了的人民才能積極地繼承並發揚自己民族繪畫的優秀傳統。太平天國革命時代，是中國繪畫形式主義最囂張的時代，然而解放了的以「天京」（南京）為中心的畫家們，卻發揮了高度的擁護革命的熱情，繼承了現實主義的傳統，把造型上極難處理的高層建築——望樓作為壁畫的主題，為中國繪畫現實主義的優秀傳統創造了極其光輝的範例。

（本書作於一九五三年年底，一九五四年十二月由上海四聯出版社出版）

編後

本書收錄了繪畫大師傅抱石的三篇重要著述：《中國繪畫變遷史綱》《中國古代繪畫之研究》《中國的人物畫和山水畫》。這三篇中國繪畫史領域的奠基之作，深入淺出，首次勾勒出中國繪畫的歷史沿革和個性特點，迄今仍具有極高的閱讀和研究價值。

本書的出版，要特別感謝葉宗鎬先生，多年來，他一直致力收集、整理傅抱石先生的美術論文論著，為後來的研究者提供了方便而堅實的基礎。本書文字即選自葉先生編《傅抱石美術文集》，僅對某些排校錯誤稍作更正。

傅抱石

一九〇四—一九六五，現代畫家。原名長生、瑞麟，號抱石齋主人。江西新餘人。早年留學日本，回國後執教於中央大學。一九四九年後曾任南京師範學院教授、江蘇國畫院院長等職。擅畫山水，中年創為「抱石皴」，筆致放逸，氣勢豪放，尤擅作泉瀑雨霧之景；晚年多作大幅，氣魄雄健，具有強烈的時代感。人物畫多作仕女、高士，形象高古。其《國畫源流概述》《中國繪畫變遷史綱》《中國古代山水畫史的研究》《中國的人物畫和山水畫》《中國繪畫理論》《中國篆刻史述略》等力作，融通古今，承前啟後，推陳出新，具有通史性、開創性，為弘揚中華民族優秀文化作出了卓越的貢獻。

責任編輯　梅　林
書籍設計　林　溪
責任校對　江蓉甬
排　　版　肖　霞
印　　務　馮政光

書　　名　中國繪畫史綱（插圖本）
叢 書 名　文史中國
作　　者　傅抱石
出　　版　香港中和出版有限公司
Hong Kong Open Page Publishing Co., Ltd.
香港北角英皇道四九九號北角工業大廈十八樓
http://www.hkopenpage.com
http://www.facebook.com/hkopenpage
http://weibo.com/hkopenpage
香港發行　香港聯合書刊物流有限公司
香港新界大埔汀麗路三十六號三字樓
印　　刷　中華商務彩色印刷有限公司
香港新界大埔汀麗路三十六號中華商務印刷大廈
版　　次　二〇一九年十一月香港第一版第一次印刷
規　　格　三十二開（130mm × 210mm）三二〇面
國際書號　ISBN 978-988-8570-85-0